基于战略视角的财务分析

杨　静◎著

吉林出版集团股份有限公司
全国百佳图书出版单位

图书在版编目（CIP）数据

基于战略视角的财务分析 / 杨静著 . 一 长春：吉林出版集团股份有限公司，2021.12
ISBN 978-7-5731-0851-7

Ⅰ . ①基… Ⅱ . ①杨… Ⅲ . ①企业管理一会计分析
Ⅳ . ① F275.2

中国版本图书馆 CIP 数据核字 (2021) 第 246096 号

JIYU ZHANLÜE SHIJIAO DE CAIWU FENXI
基于战略视角的财务分析

著　　者：杨　静
责任编辑：孙　婷
封面设计：李宁宁
版式设计：李宁宁
出　　版：吉林出版集团股份有限公司
发　　行：吉林出版集团青少年书刊发行有限公司
地　　址：吉林省长春市福祉大路 5788 号
邮政编码：130118
电　　话：0431–81629815
印　　刷：德富泰（唐山）印务有限公司
版　　次：2022 年 6 月第 1 版
印　　次：2022 年 6 月第 1 次印刷
开　　本：720 mm×1000 mm　1/16
印　　张：9
字　　数：170 千字
书　　号：ISBN 978-7-5731-0851-7
定　　价：78.00 元

前　言

财务报告是一种庞大的信息聚集，就年报而言，其字数在10万字左右。不仅如此，财务报告还是在一系列会计假设、原则和可选择方法基础上通过会计技术加工而成的。面对数量如此大而繁杂的信息，利益相关者要想在不断变化的环境中做出及时而有效的决策，如何读懂财务报告，并通过财务报告全面透视企业的财务状况和经营成果就成为利益相关者必须面对的重要问题。而传统财务报表分析过于重视财务分析和技术分析，对环境因素、企业战略等非财务信息的利用不足，因此，基于战略视角的财务分析是企业财务信息转化为利益相关者有用信息的桥梁，利用财务分析，利益相关者可以读懂财务报告，并通过财务报告透视企业的真实状况，进而做出科学有效的决策。一方面从企业所处的行业环境和财务报表分析战略的实施状况入手，另一方面从企业的财务指标和所处行业的平均水平出发来检验战略的实施效果，将企业发展战略与财务报表分析紧密结合。

本书内容及体系结构：

在体系安排上，本书共分为两个部分：

第一部分为基于战略视角的财务分析概论。

第一章，财务分析理论基础，即在介绍财务分析的内涵、目的、体系和内容等基础上，提出基于战略视角的财务分析总体框架思路；第二章，企业战略理论基础，即在介绍企业战略和战略管理的基础上，点明企业战略管理与财务分析的关系；第三章，基于战略视角的财务分析，即从利益相关者的信息需求出发，提出基于战略视角的财务分析信息基础、程序和方法，进一步构建基于战略视角的财务分析体系，为财务报告分析指明方向。

第二部分为战略实施状况的财务分析。

本书第四至七章，分别对企业的资产负债表、利润表、现金流量表和所有者权益变动表进行改造，针对企业战略实施状况进行分析和评价，指出企业哪些方面存在重大的问题。

本书特色：

1. 全局把握，系统性强

传统财务分析研究停留在分析财务报表和财务指标上，将企业的发展战略与财务相关分析割裂开来，并不能达到战略高度。本书基于企业战略的视角，一方面从企业所处行业环境和财务报表分析战略的实施状况，另一方面从财务指标和企业所处行业的平均水平来检验战略实施效果，将企业发展战略与财务分析紧密连接起来。

2. 理论加案例，实践性强

本书从企业战略的角度出发进行财务分析，不是单纯地进行理论性的分析，而是立足于实战应用，结合引例，具体应用案例和综合分析案例，用理论加案例的形式向读者阐述基于战略视角的财务分析知识，丰富的案例增强了内容的可读性，进一步增强了实践性。

3. 从利益相关者角度出发，实用性强

本书基于战略视角，能够帮助企业经营者掌握经营发展状况，帮助投资者确定良好的投资策略，帮助企业管理者制定适用的发展战略等。通过针对性的学习，利益相关者能够提升财务分析的能力和高度。

本书在写作过程中，借鉴和学习了学者们大量前期的研究成果，在此一并表示衷心的感谢。

由于本人学识、水平有限，书中难免有疏漏甚至错误之处，真诚地希望广大读者批评指正。

杨　静

2021 年 3 月

目　录

第一部分　基于战略视角的财务分析概论

第一章　财务分析理论基础

[引例] 出纳的核心竞争力思考

对于学习会计、财务管理专业的学生来说，当大家走出校门，一般来说，工作的第一个岗位应该是出纳。小张是某大学会计专业的毕业生，一到工作单位，财务部领导就安排小张在出纳岗位实习一段时间。刚开始的几周，小张觉得以前在学校课堂上学的是理论知识，而现在学到了很多实战经验。一个月下来，小张就对出纳的流程、工作规范和注意事项非常熟悉了。慢慢地，小张对出纳工作产生了厌倦的情绪，心想："难道这一辈子，就一直按部就班地从事这些工作吗？什么时候才能有提升的机会呢？"

这种疑惑是大多数出纳人员的疑惑，由于周而复始地从事流程烦琐的工作，其难免会对工作失去热情和动力。难道出纳除了资金的收付工作之外，就没有其他的用武之地了吗？当然不是，出纳可以做的事情很多。其中之一就是可以利用自身管理资金出入的信息优势，来对企业资金的流入和支出状况进行财务分析。首先，对于资金流入来说，出纳可以分类说明一个时期内各种资金的来源渠道、所占资金总量的比重、与上个时期相比的资金流入变动，以及资金流入是否稳定、集中在什么时间段等。同理，对于资金流出来说，可以分类说明一个时期内资金支出的主要方面、所占总支出的比重、与上个时期相比资金支出的变动，以及资金支出是否稳定、集中在什么时间段。最后，我们还可以分析企业资金支出和资金流入是否匹配、时间是否匹配、金额是否匹配、匹配后是否有余额等。通过分析，我们就可以掌握企业资金管理的现状和存在的问题。如此，财务经理一定会对你刮目相看。

第一节 财务分析的产生与发展

一、会计的发展历程与财务分析

（一）会计是社会生产发展到一定阶段的产物

人类在生产活动过程中，不可避免地要进行生产耗费和生产成果的记录，会计正是基于人们为组织与管理生产和服务活动的需要而产生并不断发展的。会计在发展的历史长河中大致经历了古代会计、近代会计和现代会计三个主要阶段。

1. 古代会计

15 世纪以前的会计实践活动被人们习惯地称为古代会计。有关史料记载，在远古印度公社中就已经有了农业记账员，他们设计出农业账目，登记和记录与此有关的一切事项；在古希腊和古罗马也有了农庄、庄园和不动产的账目。但是，古代会计是以官厅会计为主，以上所谓的民间会计居于次要的地位。

2. 近代会计

会计的发展史上具有决定意义的事件，乃是复式簿记的出现。复式簿记系统的产生具有划时代的意义，是会计发展史上的一个里程碑。近代会计就是从运用复式簿记开始的。复式簿记系统表面上看是一种会计记录方法，如日记账、分类账、验账和试算平衡等，实际上，它不仅提供了一系列科学的会计概念，如资本、成本、收益和盈利等，更重要的是，它还创造了资本主义“企业”的概念，会计主体的概念被推广应用后受到各界著名人士的交口称赞。

3. 现代会计

现代会计是 20 世纪 50 年代以后，在发达的市场经济国家，特别是在美国发展和完善起来的。在这一阶段，财务会计逐渐从传统会计中被分离出来，会计不再局限于为企业业主服务，而需考虑满足企业外部利益相关者的信息需求。传统的会计逐步演变为主要向企业外界有关利益集团提供财务信息和其他经济信息的财务会计或对外会计。财务会计的特点在于定期提供一套通用的财务报表，以便外界使用者据以做出合理的经济决策。同时在其他领域，会计也取得了快速的发展，如公允价值会计、电算化会计、人力资源会计、通货膨胀会计、资本成本会计、国际会计等。

（二）财务分析作为会计的一项职能，它必然也是随着会计的发展而不断发展的

1. 在人类生产活动中，不管是古代会计还是近代会计，都会对劳动耗费和经营成果进行分析，分析劳动耗费的构成和比例关系，分析经营成果的变动、构成和趋势，同时把耗费和成果结合起来，探讨如何以更少的投入获得更多的产出，从而取得更好的经济效益和效果。

2. 现代意义上的财务分析，正是在财务报告出现以后，即在现代会计阶段，财务会计被分离出来后才产生的。由于财务报告是建立在一系列的会计假设、会计原则和会计方法基础上的，因此没有受过专业会计训练的人是无法读懂财务报告的，这就需要有人对财务报告进行解释。

二、财务分析在应用领域的发展

推动财务分析早期发展的主要是贷款人和投资者，正是他们对财务报表信息的需求影响着财务分析的产生与发展。在近代与现代，企业经理、银行家和其他人对财务信息的需求进一步影响着财务分析的发展。

（一）财务分析开始于银行家

直到 20 世纪初期，会计账簿与报表一直被当作记账员工作的证明，然而这时银行家开始要求使用资产负债表作为评价贷款是否延期的依据。财务报表开始大规模应用于信贷目的开始于 1895 年 2 月 9 日，当时纽约州银行协会的经理委员会发布了一个决定：要求他们的机构贷款人提交书面的、有其签字的资产负债表。

（二）投资领域的财务分析

资本市场形成以后，公司筹资范围扩大，从银行家逐渐扩展到非银行贷款者、股权投资者。这样通过财务报表分析和观察企业财务状况的观点也被应用于投资领域。1900 年，汤姆斯（美国）发表了题为《铁路报告分解》的小册子，在处理各种铁路报表因素时，他使用了现代的分析方法，如经营费用与总收益比率、固定费用与净收益比率等。财务分析作为评价财务状况的基础，在投资领域越来越流行。

（三）企业经营者也需要财务分析

公司组织进一步发展，企业规模日益扩大，企业经营者也需要通过财务

分析去了解企业的财务状况和经营成果。与投资者相比，经营者掌握的企业信息更加全面，分析也具有较强的针对性，既可以对企业进行全面的分析，也可以对企业的某一方面进行分析，如对企业资金状况的分析。

（四）财务分析领域的不断扩展

现代财务分析的领域不断扩展，早已不限于初期的银行信贷分析和一般投资分析，全面而系统的筹资分析、投资分析和经营分析是财务分析的基本领域。随着经济的发展、体制改革和现代公司制的出现，财务分析在资本市场、企业重组、绩效评价、企业评估等领域的应用也越来越广泛。

三、我国财务分析的发展

我国财务分析思想出现较早，但真正开展财务分析工作还是在20世纪初期。当时我国的一些行长和金融资本家开始分析企业的经营效益和偿债能力，但很少根据会计核算数据进行较全面的分析。

中华人民共和国成立后，在计划经济体制下，我国一直把财务分析作为企业经济活动分析的一部分。但在统收统支的计划经济体制下，经济活动分析的基本任务是分析企业各项计划的完成情况，财务分析在经济活动分析中是无足轻重的。

改革开放以来，随着企业自主权的扩大，财务分析引起了越来越多有识之士的重视，不仅经济活动分析中的财务分析内容得到了充实，而且财务管理和管理会计等学科中都增加了财务分析的内容。但是，这些学科毕竟都有其独立的理论和方法论体系，财务分析只不过是这些学科体系的一部分，没能形成适应市场经济条件下建立现代企业制度需要的、独立的财务分析学理论体系与方法论体系。

随着我国社会主义市场经济体制的建立、发展和完善，我国的宏观经济环境和微观经济体制都发生了很大变化。现代企业制度的建立、国家在宏观经济环境和微观经济体制方面的改变为财务分析的发展创造了条件。

第二节 财务分析的内涵与目的

一、财务分析的基本内涵

财务分析是利益相关者出于某种需要，根据预先设定的分析目的，收集并整理企业的会计核算、报表资料及统计市场等相关经济资料，采用一系列专门的分析技术和方法，对企业财务运行的结果及其形成过程和原因进行分析，为企业财务管理和其他有关方面提供准确的信息或依据的经济应用学科。

（一）财务分析的主体

利益相关者能够影响一个组织目标的实现，反过来也可以说，他们是受到一个组织实现其目标过程影响的所有个体和群体。利益相关者包括企业的股东、债权人、雇员、消费者、供应商等交易伙伴，也包括政府部门、本地居民、本地社区、媒体、环保组织等压力集团，甚至包括自然环境、人类后代等受到企业经营活动直接或间接影响的客体。就财务分析而言，利益相关者主要被界定为以下四类：

一是与企业有着直接现实利益关系的，如企业的股东、债权人、员工、供应商等；

二是与企业有着间接现实利益关系的，如企业法人股东的母公司；

三是与企业有着直接潜在利益关系的，如有购买公司发行的股票或债券欲望的股东或债权人；

四是与企业有着间接潜在利益关系的，如拟认购股票的法人股东的母公司。

在利益相同的情况下，不论利益相关者与企业之间的利益关系是直接的还是间接的、是现实的还是潜在的，都属于同一类利益相关者，是同一个财务分析主体。

（二）财务分析的客体

财务分析的客体也是财务分析的对象，财务分析对象有形式对象和实质对象之分。从财务分析的定义可以看出，财务分析要依据会计报表及统计、市场等相关资料，因此，财务分析的对象就是财务报表、统计、市场等相关资料，这只是财务分析的形式对象。

会计报表、统计、市场等相关资料反映企业财务活动所处的环境，是企业财务运行的综合结果。因此，财务分析要借助于这些相关资料，但财务分析的实质对象是财务活动结果及其过程，或者说是“被分析企业过去和现在的财务会计资料及其他有关资料所反映的各项引起资金发生增减变动的财务活动的过程及其结果”。

（三）财务分析的方法论体系

财务分析的实践使财务分析的方法不断发展和完善，水平分析法、垂直分析法、趋势分析法、比率分析法等都是进行财务分析的专门和有效的方法。

（四）财务分析学的理论体系

随着财务分析学的产生与发展，财务分析的理论体系不断完善，从财务分析的内涵、财务分析的目的、财务分析的作用、财务分析的内容，到财务分析的原则、财务分析的形式及财务分析的组织等，都日趋成熟。

二、财务分析的目的

财务分析的目的受财务分析主体和财务分析服务对象的制约，不同的财务分析主体进行财务分析的目的是不同的，不同的财务分析服务对象所关心的问题也是不同的。

（一）从企业投资者角度看财务分析的目的

1. 企业投资者的权益

企业投资者主要有四种权益：表决权或控制权、盈余分配权、优先认股权和剩余财产分配权。盈余分配对股票价格的影响最大，而盈余分配又和企业的盈利能力密不可分。因此，企业的投资者包括企业的所有者和潜在投资者，他们进行财务分析的最根本目的是看企业的盈利能力状况，因为盈利能力是投资者资本保值和增值的关键。而投资者最不愿行使的就是剩余财产分配权，因为投资者还要关注其偿债能力、权益结构、支付能力。当然，盈利企业要想发放现金股利，还必须有足够的现金保障，因此营运能力也会为投资者所关注。除此之外，有些投资者对企业财务分析的目的可能并不仅是获利，还有扩大其企业经营规模、市场占有率以及避免风险等。

2. 股东

股东分为现实的股东和潜在的股东两类。现实的股东又有控股和非控股之分。不同的股东在企业中的利益不同，因而分析目的不同，分析的内容也不同。

（1）现实的居于控股地位的大股东，不仅关心企业眼前是否实现了投入资本的保值增值，而且关心企业未来实现投入资本保值增值的能力。股东若想了解当前企业投入资本保值增值的实现情况，需要分析企业当期盈利或亏损状况：盈利情况下，要进一步分析有无增加盈利的潜力；亏损情况下，要分析亏损的原因，并及时采取相应的补救措施。股东若想了解企业未来投入资本的保值增值能力，从理论上讲需要综合考察企业的各种财务行为能力，因为任何一个方面出现问题，都有可能影响企业未来投入资本的保值增值能力，但实际上大家关注较多的是盈利能力、发展能力、市场竞争能力和持续经营能力等，而对于其他方面的能力不太重视（除非出现重大问题需要探求原因时才会关注）。大股东由于都会在董事会中任职或派有代表，在获取资料方面没有障碍，因此能够确保分析结果的准确、可靠。

（2）现实的居于非控股地位的中小股东，既不能在企业董事会中任职或派代表，又不能参与企业的生产经营管理，因而不能有效地维护自己在企业中的利益，他们利益的取得带有较大的偶然性，这就迫使其过多地关心眼前利益。但在具体利益上，长期持股的中小股东和短期持股的中小股东是不同的，因而分析目的和分析内容也有所差别。他们受条件限制无法获取充分、可靠的资料，因而不能保证分析结果的正确、可靠。

（二）从企业债权人角度看财务分析的目的

这里所说的债权人主要是指出借资金给企业的单位和个人，包括本企业所发行债券的持有人、贷款机构及其他单位和个人。他们按借款合同的约定把资金出借给企业，按约定的时间和利率收取利息，借款合同期满时，收回本金。债权人进行财务分析的主要目的：一是看其对企业的借款是否能及时并足额收回，即研究企业偿债能力的大小；二是看收益状况与风险程度是否相适应。

债权人分为短期债权人和长期债权人两类。短期债权人最关心即将到期的债权能否及时足额收回本息。企业能否偿还即将到期的债务本息主要取决于企业的现金状况和现金管理能力，还涉及企业的营运能力、盈利能力和持续经营能力。短期债权人主要分析这些内容，对其他内容不太关注。

长期债权人最关心将来债权到期时能否及时足额收回本息。企业将来能否偿还债务本息主要取决于债务到期前企业的长期资产投资计划和筹资能力、偿债能力、市场竞争能力、盈利能力、持续经营能力和营运能力。除此之外，长期债权人对其他内容不太关注。

债权人受条件限制，一般无法获取充分、可靠的资料，因而不能保证分析结果的准确、可靠。

（三）从企业经营者角度看财务分析的目的

企业经营者主要指企业的经理以及各分厂、部门和车间等管理人员。他们进行财务分析的目的是综合和多方面的。从对企业所有者负责的角度，他们首先关心盈利能力，这是企业运营的总体目标。但是，在财务分析中，他们不仅对盈利的结果进行分析，还对盈利的原因及过程进行分析，如资产结构分析、营运状况与效率分析、经营风险与财务风险分析、支付能力与偿债能力分析等。分析的目的是及时发现生产经营中存在的问题，并采取及时有效的措施解决这些问题。

企业经营管理者进行财务分析的目的包括公与私两个方面：为公，是确保企业财务目标的顺利实现；为私，是确保自身在企业中获得经济利益（即报酬）。这两个目的是相辅相成的，前者是后者的基础，后者是前者的动力，关键是前者的实现。

企业经营管理者为了实现企业的财务目标，必须关注企业所有的财务问题以及企业处理这些问题的能力。通过分析，他们要发现存在的问题，找出问题形成的原因，判断未来的发展趋势，对于不利因素，及早采取防范措施，确保企业的财务活动在正确的轨道上安全、有效地进行，借以顺利实现企业的财务目标。

（四）从供应商角度看财务分析的目的

这里所说的供应商主要是指赊销产品给企业的单位和个人。他们处于一种矛盾的状态中：为了推销产品，愿意把产品赊销给企业，可是由于资金被企业占压着，又希望尽快收回资金。他们首先关心的是能否安全地收回资金，其次关心的是能否与企业保持长期的合作关系。供应商因受条件限制一般无法获取充分、可靠的资料，因此不能保证分析结果的正确、可靠。

（五）从员工和工会组织角度看财务分析的目的

员工应被区分为个体和整体两个方面。工会组织代表全体员工的利益。

员工和工会组织在企业中的利益主要体现在员工的收入、保险和福利待遇等方面。员工和工会组织与企业之间处于一种矛盾的状态中：员工和工会组织希望提高员工的收入、保险和福利方面的待遇，但又害怕企业裁员；企业希望降低员工的收入水平和保险、福利方面的待遇以节约费用开支，但又害怕员工大量辞职或罢工。双方斗争的结果是员工的收入和保险、福利方面的待遇处于一个双方都能接受的合理水平。如果双方就此签订了具有法律效力的文件，则员工以这个为标准获得工资收入、享受保险福利待遇，而以这个水平为标准支付员工的工资报酬、为员工提供保险福利待遇则是企业的义务。员工和工会组织需要了解企业是否履行了这一义务，因此，他们需要对企业发生的与员工有关的费用及水平标准进行分析。

（六）从顾客角度看财务分析的目的

顾客可能会关心以下问题：能否与企业维持长期的业务关系，预付货款后能否收到货物，企业对产品质量的保证和承诺能否兑现等。这些问题主要涉及企业的持续经营能力，其次是偿债能力，因而这也是顾客需要分析的内容。顾客因受条件限制不可能获取充分、可靠的资料，因此不能保证分析结果的正确、可靠。

（七）从税务部门角度看财务分析的目的

税务部门主要关心以下问题：企业本期收入、成本费用和利润等各项计税基础是否真实，各项应缴税款的计算是否正确，各项税款的缴纳是否及时。个别具有超前管理意识的税务部门已经开始关注企业各项计税基础未来的变动趋势，从而对未来应征税款进行事先控制和管理。这些问题主要涉及企业的收入、成本费用、利润以及偿债能力、盈利能力和发展能力。这些是税务部门需要分析的内容。

（八）其他财务分析的目的

其他政府部门、组织和机构，如证券监管机构、环境保护组织、社会保险机构、政府的研究机构等，为了履行各自的职责，也需要对企业的相关问题进行分析。

三、财务分析的作用

（一）经营管理者和控股股东

财务分析有助于经营管理者和控股股东了解与把握企业的变动及发展趋势，使其能够发现企业在财务上存在的问题，并找出问题产生的原因，据以寻求解决问题的途径和方法，确保企业财务目标的顺利实现；有助于经营管理者和控股股东加强对企业的管理，剖析导致企业财务现状的原因，发现问题，预防风险，提高资产运营的安全性和有效性，提高经营决策、投资和融资决策的科学性和正确性。

（二）其他利益相关者

通过财务分析，其他利益相关者首先可以发现企业是否损害了自身的利益，有利于利益相关者采取措施尽可能挽回已经遭受的损失；其次可以发现企业是如何损害其利益的，有利于利益相关者采取财务防范措施保护自己的利益不再受到进一步的侵害；最后，可以推测企业下一步的行动趋势，有利于利益相关者做出正确的决策以指导以后的行动。

（三）国家相关部门

国家相关部门在全面了解经济动态与经济现状的基础上，能制定出相关经济与产业政策，维护经济秩序，减少和惩戒违法、违规等经济行为，进行宏观经济调控与管理。这有助于社会各方了解企业情况，并在不断的比较鉴别中调整资金与社会经济资源。

第三节 财务分析体系与内容

一、美国财务分析体系与内容评价

（一）美国财务分析的几种基本体系

目前，美国理论界关于财务分析体系的安排多种多样，不同时期其体系也不相同。现阶段可归纳为以下三种体系，具体如表 1-1 所示。

表 1-1 美国理论界三种主要的财务分析体系

财务分析体系	代表学者和著作	分析目的	分析内容	分析方法	应用
基于财务报表解读的财务分析体系	利奥波德·伯恩斯坦和约翰·J. 怀尔德：《财务报表分析：理论、应用与解释》	全面、准确、客观地解读财务报表	概论、会计分析、财务分析	比率分析、趋势分析、结构分析等	外部报表使用者对公司财务报告进行解读
基于经营分析工具应用的财务分析体系	帕勒普，伯纳德，希利：《经营分析与评价：使用财务报表》	改进管理决策、制订财务计划	概论、分析工具、分析应用	SWOT 分析法、波特分析法、比率分析	信贷分析、证券分析、公司经营活动分析评价、公司筹资分析
基于财务绩效分析的财务分析体系	约翰·J. 怀尔德：《财务报表分析》	企业价值评估与绩效评价	概论、经营分析、投资分析、筹资分析、价值评估分析	现金流量分析、投资回报率分析、信用分析、权益分析与估值	企业内外部的专业分析人员对企业存在的问题进行分析和诊断

1. 基于财务报表解读的财务分析体系

这类体系主要包括概论、会计分析、财务分析三大部分。这种体系实际上是在总论财务分析目的、方法、资料、环境的基础上，将财务分析分为会计分析和财务分析两大部分。

会计分析实质上是明确会计信息的内涵与质量，即从会计数据表面提示其实际含义，不仅包含对各会计报表及相关会计科目内涵的分析，而且包括对会计原则与政策变动的分析、会计方法选择与变动的分析、会计质量及变动的分析等。财务分析实质上是分析的真正目的所在，它是在会计分析的基础上，应用专门的分析技术与方法，对企业的财务状况与成果进行分析。通常包括对企业投资收益、盈利能力、短期支付能力、长期偿债能力、企业价值等进行分析与评价，从而得出对企业财务状况及成果的全面、准确评价。这种分析体系的典型代表是《财务报表分析：理论、应用与解释》（利奥波德·伯恩斯坦和约翰·J. 怀尔德）和《财务报表分析：一种战略展望》（克莱德·斯蒂克尼）。

2. 基于经营分析工具应用的财务分析体系

这个体系包括概论、分析工具、分析应用三大部分。概论部分主要强调财务分析的环境与目的，而将分析方法论专门作为一部分研究。可以说第一部分概论是分析的理论基础。第二部分分析工具则是分析的方法论问题，通常包括分析的程序与具体技术分析方法。从方法论角度看分析程序，其可分为经营环境分析（包括行业分析、企业经营战略分析等）、基础资料分析（主要指对财务报表的内涵与质量进行分析）、财务分析、前景分析（包括预测分析与价值评价），形成了完整的分析方法论体系。关于具体分析技术，则根据不同环节的特点选择不同的技术方法，如财务分析中的比率分析、前景分析中的预测技术、以现金流量为基础的评价技术和以会计收益为基础的评价技术等。第三部分是分析的具体应用问题，即上述分析工具在实践领域的应用。通常包括证券分析、信贷分析及经营分析评价在兼并与收购、公司筹资政策和管理交流等方面的应用。这种体系的典型代表是《经营分析与评价：使用财务报表》（帕勒普，伯纳德，希利）。采用这种理论、方法、应用体系的还有《财务报表分析》（乔治·福斯特，1986），但其分析方法部分介绍的不是按分析程序与内容划分的战略分析、会计分析、财务分析、前景分析，而是按具体分析技术划分的横向比较分析、时间序列分析、比率分析、实证分析等。它的分析应用部分则从证券市场分析、信贷分析与财务危机预测、会计政策选择角度进行。

3. 基于财务绩效分析的财务分析体系

该体系主要包括概论、经营分析、投资分析、筹资分析、价值评估分析。这种体系的概论部分主要论述财务分析的内涵，通常从企业筹资活动、投资活动和经营活动三方面引出分析目的、分析资料及分析内容。在此基础上，在经营分析、投资分析、筹资分析、价值评估分析几个方面，应用相应的分析方法进行系统分析与评价。这种体系的典型代表是《财务报表分析》（约翰·J. 怀尔德）和《财务分析技术：管理与计量企业绩效的实践指南》（埃里希·A. 赫尔弗特，1997）。

（二）美国财务分析体系中值得探讨的问题

从上述分析体系可以看出，作为一个全面、系统的分析体系，无论其如何安排篇章结构，基本内容通常都包括分析理论、分析方法、具体分析及分析应用。目前在分析内容方面值得研究的问题有三个：总体范畴问题、内容划分与地位问题以及具体财务分析内容问题。

1. 财务分析总体范畴

传统的财务分析中的盈利能力分析、偿债能力或支付能力分析、营运能力分析（或投资分析、筹资分析、经营分析、资产负债表分析、利润表分析、现金流量表分析）等都是不可缺少的。但财务分析是否应包括以下内容仍值得研究：

（1）战略分析。

在调查的样本中，将战略分析作为独立章节并进行详细分析的较少，最具代表性的是《经营分析与评价：使用财务报表》一书。

（2）会计分析。

在调查的样本中，大部分都有会计分析的内容，而且有些占有相当大的篇幅，如《财务报表分析：理论、应用与解释》《财务报表分析：一种战略展望》等都用较多章节进行会计分析，《经营分析与评价：使用财务报表》一书也突出了会计分析的地位。

（3）价值评估分析

在20世纪90年代出版的价值评估分析书中，大部分都有价值评估分析章节，但通常篇幅不长。将价值评估分析放在较突出位置的是《经营分析与评价：使用财务报表》一书。

（4）预测分析

预测分析的内容通常是伴随着价值评估分析的出现而出现的。预测分析往往是价值评估分析的基础。有些书将其作为独立章节，有些书将其放在价值评估分析之中。

2. 财务分析的内容划分与地位

现代财务分析或多或少地包含有会计分析、财务分析、战略分析、价值评估分析、预测分析等内容，但会计分析、战略分析、价值评估分析、预测分析与财务分析是否处于同等地位呢？从上述体系与内容分析看，答案显然是不统一的。

一种处理方法是将这些内容与方法并列，构成一个分析与评价体系，典型代表是《经营分析与评价：使用财务报表》一书。另一种处理方法是突出会计分析与财务分析，而将价值评估分析及预测分析内容放在财务分析内容中，将战略分析等内容放在概论中或不包括战略分析，典型代表是《财务报表分析：理论、应用与解释》和《财务报表分析：一种战略展望》。第三种处理方法是突出财务分析，将会计分析、经营战略分析等内容简化在概论中，将预测分析与价值评估分析作为财务分析的一部分或是作为财务分析的基础，如《财务分析技术：管理与计量企业绩效的实践指南》就是典型代表，而《财务报表分析》则很少谈及战略分析、价值评估分析，其会计分析融合在分析方法与分析应用之中。

3. 财务分析的具体内容

财务分析从具体内容看，分歧主要在以下两个方面：

（1）是否划分财务分析与财务分析应用。

传统的分析中很少单独将分析应用作为一部分，通常从会计报表种类或分析技术入手进行财务分析。现代财务分析通常是区分财务分析与分析应用的。财务分析往往介绍财务分析的基本内容与基本方法，分析应用则突出各实践领域的财务分析，如证券市场分析、兼并分析等。当然，现代财务分析也存在不区分财务分析与财务分析应用的情况。

（2）如何规范财务分析内容与财务分析应用内容。

严格区分财务分析内容与财务分析应用内容是很困难的。如有的书将财务分析方法作为财务分析内容，将盈利能力分析、偿债能力分析、预测分析、价值评估分析作为分析应用；有的书将盈利能力分析、风险分析等作为财务分析内容，将企业重组分析、证券市场分析、价值评估分析等作为财务分析应用。

二、我国财务分析体系与内容评价

在我国，学者们对财务分析进行了深入的研究和探索，经过学者们几十年的努力，逐渐形成了以下财务分析流派，国内主要代表性财务分析体系如表 1-2 所示。

表 1–2 国内主要代表性财务分析体系

代表学者和文献	构建的财务分析体系概况
张先治，陈友邦：《财务分析》	1. 分析目的：解读财务报表，了解企业经营状况、业绩评价、价值评估 2. 分析内容：财务分析概论、财务报告分析、财务效率分析、财务综合分析与评价 3. 分析方法：比率分析、趋势分析、结构分析、杜邦财务综合分析、预测分析、价值评估
谢志华：《财务分析》	1. 分析目的：财务报告分析和财务效率分析，财务活动分析，实现增长、盈利、风险的平衡 2. 分析内容：横向，因果分析链；纵向，财务活动链；风险收益分析 3. 分析方法：因果分析、结果分析、过程分析、风险收益分析
张新民，钱爱民：《财务报表分析》	1. 分析目的：使财务分析方法体系与会计准则的概念和报表体系相适应 2. 分析内容：资产质量分析、利润质量分析、现金流量质量分析、所有者权益变动表分析和合并财务报表分析 3. 评价：进一步完善了关于财务状况的质量分析理论，体现了当前比较新的研究成果
李心合，蔡蕾：《公司财务分析：框架和超越》	1. 分析目的：公司价值评估及价值创造分析 2. 分析思路：以战略分析为出发点，以价值驱动因素和价值源泉分析为主要内容的综合性分析体系 3. 分析内容：在价值驱动因素分析中，以新提出的“五种状态”模型（实力状态、风险状态、效率状态、质量状态和成长状态）替代原有的财务分析体系中的“四项能力”结构（偿债能力、营运能力、盈利能力和发展能力）
黄世忠：《财务报表分析：理论·框架·方法与案例》	1. 分析目的：评价、改进、完善企业的战略经营管理 2. 分析方法：战略分析、会计分析、财务分析、前景分析 3. 分析内容：详细介绍了哈佛分析框架的具体内容，并将理论与实践相结合，对其他哈佛框架的使用者以后的应用起到了很好的示范作用

（一）张先治教授的财务分析思路

将我国财务分析体系与内容归纳为以下四篇十三章内容。

第一篇为财务分析概论，本篇包括财务分析理论、财务分析信息基础和财务分析程序与方法三章内容；第二篇为财务报告分析，本篇包括资产负债表分析、所有者权益变动表分析、利润表分析、现金流量表分析四章内容；第三篇为财务效率分析，本篇包括企业盈利能力分析、企业营运能力分析、企业偿债能力分析以及企业发展能力分析四章内容；第四篇为财务综合分析与评价，本篇包括综合分析与业绩评价、企业价值评估两章内容。具体如图 1-1 所示。

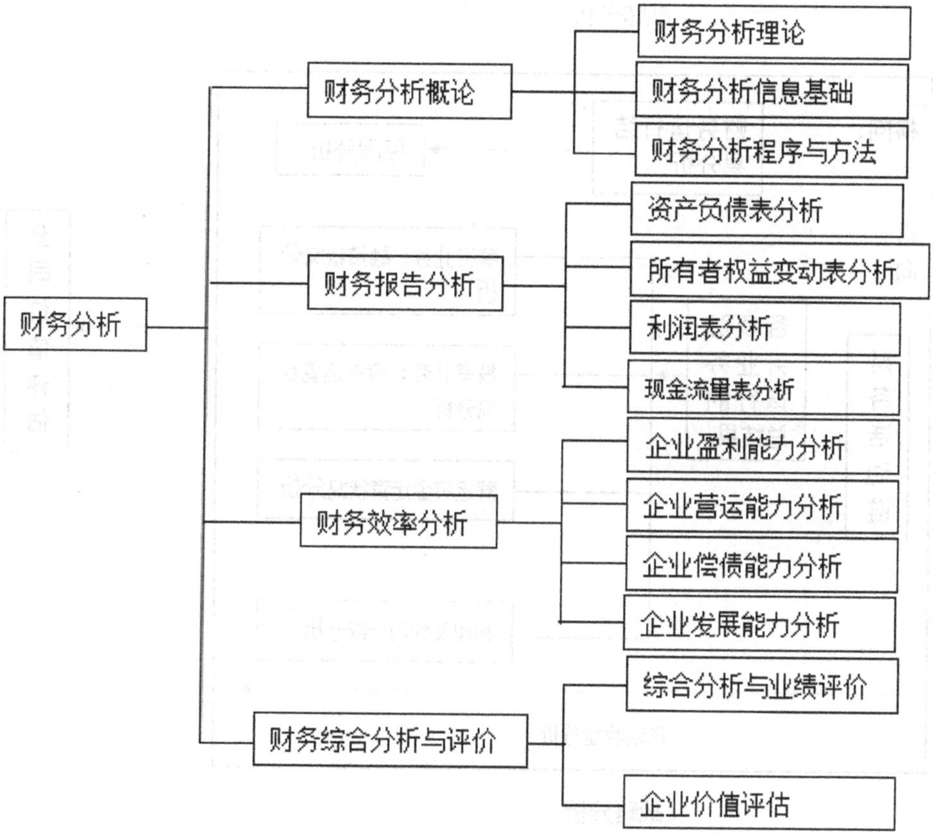

图 1-1 张先治《财务分析》的体系与内容

（二）谢志华教授的财务分析思路

具体如图 1-2 所示。

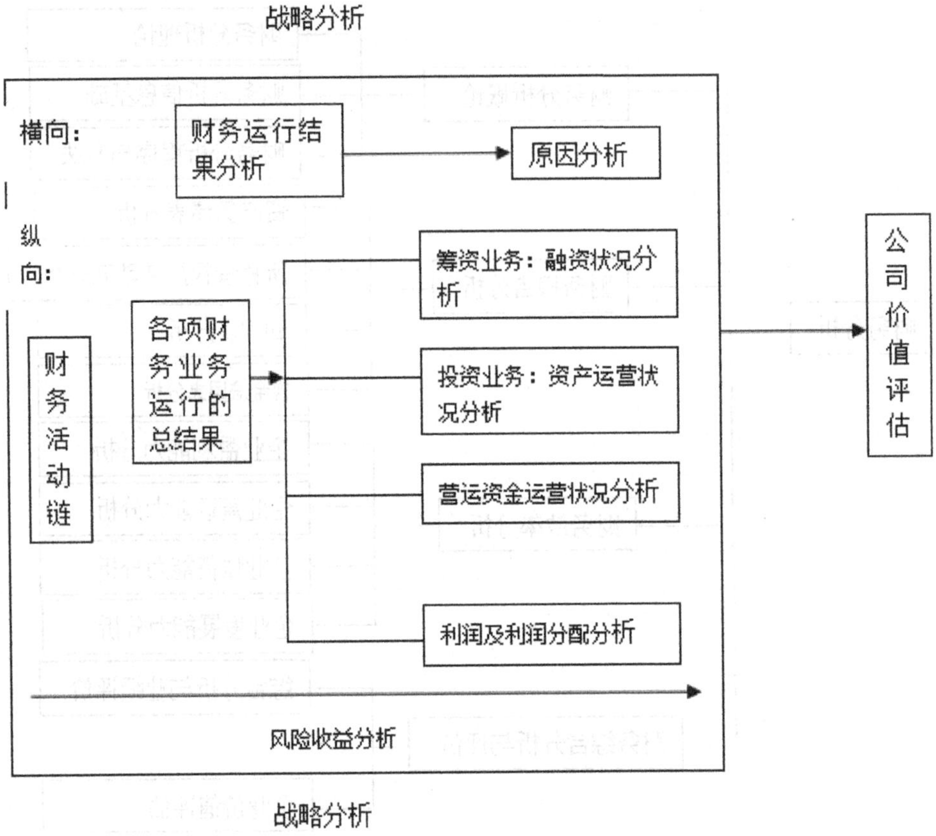

图 1-2 谢志华《财务分析》的体系与内容

1. 横向——因果分析链

因果分析就是对企业财务活动运行的最终结果所进行的分析，是一种全局分析、总量分析和整体分析，这里的“果”是报表反映的“果”，是系统性的“果”。原因分析是结果分析的不断衍生，是按照事物的因果关系链，由果溯因，也就是为了找出结果形成的具体原因而进行的分析。如利润表上盈利水平的分析。（财务报告分析和财务效率分析）

2. 纵向——财务活动链

结果是原因引起的结果，也是过程的行为结果。进行财务分析，我们不仅要找到结果形成的原因，而且要遵循结果的形成过程进行原因分析，把结果分析转化为过程分析。结果分析是一种动态分析，过程分析是对结果形成过程的分析，具有动态性和过程性。这里的过程体现为由各项财务活动组成的财务活动链。（财务活动分析）

3. 风险收益分析

任何财务活动在获取收益的同时都将面临风险，而且获取的收益越高，其面临的风险也就越高。风险和收益之间存在对称性，如对资产运营的整体状况进行风险收益分析。（实现增长、盈利、风险的平衡）

（三）张新民教授的财务分析思路

张新民教授创立了财务分析质量学派，摒弃传统的就会计论会计、就报表论报表、就财务论财务的讲授方法，力图在企业管理的系统中分析财务状况及其质量，并通过财务报表分析来对企业的管理状况和企业的发展战略进行透视。主要讲授与报表编制有关的基本原则与基本概念、资产质量特征及其分析方法、资本结构质量特征及其分析方法、利润质量特征及其分析方法、现金流量质量特征及其分析方法、财务状况整体质量及其分析方法、比率分析，以及对影响经济决策的非财务因素的分析等内容。

第四节 财务分析的形式与要求

一、财务分析的形式

（一）内部分析与外部分析

财务分析根据分析主体的不同，可分为内部分析与外部分析。财务分析的分析者包括企业内部人员和企业外部人员。企业内部人员是指企业的经营管理者。他们出于经营管理需要而对企业进行财务分析。由企业经营管理者进行的财务分析一般被称为内部财务分析。企业外部人员是指与被分析者有着直接或间接的、现实或潜在的利益关系的利益相关者或其代理人。他们出于维护自身或被代理人利益的需要而对企业进行财务分析。由其他利益相关者进行的财务分析一般被称为外部分析。

1. 内部分析

内部分析主要指企业内部经营者对企业财务状况的分析。

2. 外部分析

外部分析主要指企业外部的投资者、债权者及政府部门等，根据各自需要或分析目的，对企业的有关情况进行的分析。

内部分析和外部分析并不是完全孤立或隔离的，要保证财务分析的准确性，内部分析有时也应站在外部分析的角度进行，而外部分析也应考虑或参考内部分析的结论，以避免片面性。

（二）全面分析与专题分析

财务分析根据分析的内容与范围的不同，可分为全面分析和专题分析。

1. 全面分析

全面分析是指对企业在一定时期的生产经营各方面的情况进行系统、综合、全面的分析与评价。

2. 专题分析

专题分析是指根据分析主体或分析目的的不同，对企业生产经营过程中某一方面的问题所进行的较深入的分析。

在进行财务分析时，我们应将全面分析与专题分析相结合，这样才能全面、深入地揭示企业的问题，正确地评价企业。

（三）静态分析与动态分析

财务分析根据分析的方法与目的不同，可分为静态分析和动态分析。

1. 静态分析

静态分析是根据某一时点或某一时期的会计报表或分析信息，分析报表中各项目或报表之间各项目关系的财务分析形式。

2. 动态分析

动态分析是根据几个时期的会计报表或相关信息，分析财务的变动状况。

静态分析与动态分析各有优点与不足，要全面综合分析财务报表，这两类分析都是必需的。

二、财务分析的条件

财务分析的目的、作用、内容及形式的明确，为进行财务分析奠定了理论基础，然而要做好财务分析，充分发挥财务分析的作用，还必须理清财务分析的条件和要求。

（一）统一的财务会计制度

财务分析的基本资料依据是会计核算和报表资料。在不同的会计制度下，会计核算和报表编制的方法可能不同，这样会计账户和报表反映的内容也会不同。这将给财务分析，尤其给外部分析带来极大的困难。我国《企业会计准则》的颁布实施，为财务分析创造了有利的条件。有了统一的会计准则，会计报表可按照统一的概念基础、程序和手续来编制，而会计报表使用者也有了阅读和分析会计报表的统一尺度。

（二）产权清晰的企业制度

企业是利益相关者的集合，只有在产权清晰、权责明确的企业制度下，企业各方的权利与义务才能得以确认，财务分析的主体才能实现多元化，财务分析的必要性才更加突出。在市场经济条件下，随着现代企业制度的建立，企业产权逐渐清晰，投资者、经营者、债权人、宏观经济管理者站在各自不同的角度关心企业的生产和经营，从而形成财务分析主体的多元化，促进和完善了财务分析的内容和方法。

（三）完善的信息披露体制

企业信息是进行财务分析的基础，没有及时、完备和准确的信息，要保证财务分析的正确性是不可能的。因此，完善信息披露体制是做好财务分析的重要前提条件。要做到这一点，企业在会计报表中不仅要按会计准则要求，全面、系统地反映企业的经营和财务状况，而且对会计程序和手续也必须予以充分披露，以便会计报表的使用者能正确分析其对企业财务状况和财务成果的影响。另外，要建立健全信息市场，完善信息网络，以便财务分析者能充分、及时地获取各类信息。

第二章 企业战略理论基础

[引例] 阿迪达斯与耐克之企业战略 PK 思考

“为每位运动员提供最好的鞋。”在这个简单而又雄心勃勃的理念鼓励下，20 多岁的阿道夫 · 阿迪 · 达斯勒开始做鞋，并于 1948 年建立了一家名为“阿迪达斯”的公司。公司大量生产各式各样的高品质的运动鞋，最终在 20 世纪 60 年代，成为全世界所有著名赛事的首要运动鞋供应商。20 世纪 60 年代后期，阿迪达斯在运动鞋业内稳坐头把交椅。但是，进入 20 世纪 70 年代，平民运动已经成为一种潮流，阿迪达斯没有意识到这一点，还是专注于专业运动鞋。因为销售预期的破灭和对市场竞争状况的低估，阿迪达斯的地位受到了挑战，20 世纪 70 年代后期被耐克取代。

耐克起源于 1962 年，由菲尔 · 耐特首创，当时命名为“蓝丝带体育”，20 世纪 70 年代正式更名为耐克。1980 年，其占据约 50%的美国市场份额，超过阿迪达斯。从那时起，耐克开始展开积极进取的市场活动，签约顶级运动员，并创造了“只管去做（Just Do It）”这一口号。

自 20 世纪 70 年代开始，耐克转变战略定位，从一家产品导向的公司转变为市场导向的公司。在公司内部设计高技术和高品质的产品，在低成本国家生产，再成功地通过营销建立起作为青少年亚文化标志的品牌，在全球范围内运营。耐克的独特资源包括专利产品和商标、品牌声誉、公司文化和公司独特的人力资产。

阿迪达斯在研发方面有着非凡的能力，战略定位是以顾客为导向。阿迪达斯和耐克即使可以相互模仿，但也在有效的执行和协调方面尽量区别于对方。当耐克的营销和研发队伍更多关注北美消费者的需求时，阿迪达斯主动塑造自己的市场区隔。从两者的整体业绩来看，阿迪达斯的总资产回报率和耐克的非常接近，这就意味着从长期来讲，阿迪达斯完全有潜力与耐克一较短长。

面对咄咄逼人的阿迪达斯，耐克该如何维护其统治地位？

（一）保持在本土市场的竞争力

为了维护在美国运动鞋市场的统治地位，耐克应该持续地专注于提高核心竞争力：营销与研发。在已有的消费者高度忠诚、品牌意识强和庞大的市场份额基础上，它还必须在不断开发新产品的同时保持高品质标准，实施有效的营销方案以应对市场的变化。

（二）隔离机制

阿迪达斯即使可以模仿耐克的战略，但也不能简单地复制耐克的那些有企业专用性的竞争手段，如专利、品牌和人力资本。耐克可以通过提供丰厚的薪酬来留住骨干员工，提高他们对公司的忠诚度，以此来保护公司的人力资本。至于产品模仿，耐克可以采取法律手段，如产权、特许权和专利方面的有关规定来维护自身的统治地位。

（三）战略与时俱进

和阿迪达斯相比，耐克的历史要短很多，它拥有以客户为导向的营销策略和产品，而且阿迪达斯面临销售滑坡，耐克正好可利用这个优势加大对鞋的投入，以满足消费者的期望，赢得更广泛的客户基础。相信以其雄厚的财力和能力，耐克在这个市场一定前途无量。总之，作为市场领导者的耐克应避免平庸、保持创新，这样才能屹立不倒。

第一节 企业战略

企业战略是指在考虑企业可持续发展的基础上，企业为实现长期目标、建立和维持持久的竞争优势，以求得长期生存与发展，通过对企业内部资源的现状和外部环境及其变化趋势进行的综合分析，做出整体性、全局性、长远性的谋划及相应的对策。

一、企业战略的特征

根据上述企业战略的定义，可以看出企业战略有以下特征：

（一）长期性

企业战略是为了实现企业长期目标和求得企业长期生存与发展而制定的，在时间上具有长期性。这就要求企业战略有一个长远的规划并持续有效地执行，规划要面向未来，执行要持之以恒。

（二）整体性与宏观性

企业战略是企业做出的整体性、全局性、长远性的谋划及对策，在空间上具有整体性和宏观性。这就要求制定者做出的战略规划不是单一针对某个部门或某个具体问题的，而是在对企业内外部环境进行综合分析的基础上做出的整体规划；这也要求在执行战略的过程中，企业各部门横向之间、上下级纵向之间要统一思想认识、明确分工、相互协作，促进整体战略的实现。

（三）适应性

战略制定要结合企业内外部环境及其变化趋势，不仅要适应企业自身的情况，还要适应企业面临的外部市场环境。这就要求企业在战略决策和战略选择中要把握好企业面临的内外部环境这个基础，制定最适合企业发展现状和适应市场变化的战略。

二、企业战略的目标

企业战略目标是在关系企业生存发展的关键领域对企业使命的具体化，是企业在达成其使命的过程中所期望得到的长期结果。企业战略目标反映了企业在一定阶段经营活动所努力的方向和所期望达到的水平，它既可以是定性的，也可以是定量的，而且企业战略目标要有具体的数量标准和时间界限，一般为3—5年，如在3年内产品市场占有率达到20%，5年内打造在国际上有知名度的产品，10年内研发出属于自己的核心技术等。

三、企业战略的作用

企业战略作为指导企业生产经营的综合性蓝图，可以指明企业的发展方向；企业战略作为站在企业全局视角上做出的宏观性、长期性的谋划和纲领，可以帮助企业整合资源、优化结构；企业战略作为由企业高层研究讨论决定的对企业未来发展规划的顶层设计，可以帮助企业提高管理效率和能力。

第二节 企业战略管理

一、企业战略管理理论的发展

20世纪60年代，美国首先对战略管理理论进行了系统研究，发展至今涌现了一批见解深刻、独到的战略管理理论和思想，并逐步形成了一些经典的代表性理论，这些思想和理论可以总结归纳为四大主要流派：经典战略管理理论、竞争战略理论、核心竞争力理论和绩效战略管理理论。

（一）经典战略管理理论

1962 年，钱德勒在《战略与结构》中提出了企业战略要适应外部环境的核心观点。钱德勒在书中指出：企业的组织结构为了适应外部环境的变化，其生产经营管理工作需要由一个事先设计好的计划来指导，即由企业战略来指导。为此，企业的组织结构要随企业战略的变化而调整，而企业战略又随着企业外部环境的变化而调整。他由此得出企业战略要适应外部环境的结论。安德鲁斯及安索夫基于这个理论发展了战略管理的设计学派和计划学派。

（二）竞争战略理论

哈佛大学教授波特在 20 世纪 80 年代初期提出该理论。他强调企业应在产业结构分析的基础上选取对自己有优势的战略，制定战略的核心是获取企业的竞争优势。在波特的分析体系中，产业结构分析是基础和核心，在此基础上，他进一步提出了波特五力模型分析和价值链分析法。此外，波特认为，企业选择一组“活动”并去执行是企业战略的基础，尤其是战略执行要到位才能保证战略目标的顺利实现。因此，要保证企业各部门协调合作，应该设计有效的绩效评估系统。

（三）核心竞争力理论

该理论是 20 世纪 80 年代后期由普拉哈拉德和哈默尔提出的。由于企业面临的竞争环境越来越复杂，而且信息技术的飞速发展也对其经营环境产生了深刻的影响，因此企业应该把战略关注的重心从外部转移到内部环境上来，通过核心技术的研发，人力、物力和财力资源的积累，培育企业的核心竞争力。该理论认为，企业内部环境应作为重点考虑对象，这可以使企业的竞争优势持续。相比上述两种战略来说，核心竞争力理论不仅仅关注企业外部，而且也关注内部分析，弥补了其他两种战略分析过于宏观的不足。

（四）绩效战略管理理论

绩效战略管理理论是 20 世纪 90 年代战略管理进入转折期时被提出的。随着绩效管理越来越受重视，一些学者将绩效管理提升到企业战略的高度，卡普兰和诺顿是该理论的代表人物，他们认为平衡计分卡可以为企业创造全新的绩效评估系统和管理框架，并且可以用来进行战略管理。平衡计分卡理论指出，战略的执行不再是自上而下的层层命令，而是在全面统筹战略、人员、流程和执行四个关键因素的基础上设计并实施的针对战略目标的积极活动。绩效战略管理理论在一定程度上弥补了传统战略管理理论中重制定、轻实施的不足，是一个能够推动战略执行的管理策略。

二、企业战略管理的过程

企业战略管理的过程就是把战略规划付诸实施，以实现既定的企业战略目标。企业战略管理的过程包含三个关键要素：(1) 战略分析：分析企业所处的内外部环境；(2) 战略选择：根据评估结果选择或制定战略；(3) 战略实施：采取使战略目标达成的措施。如图 2-1 所示。

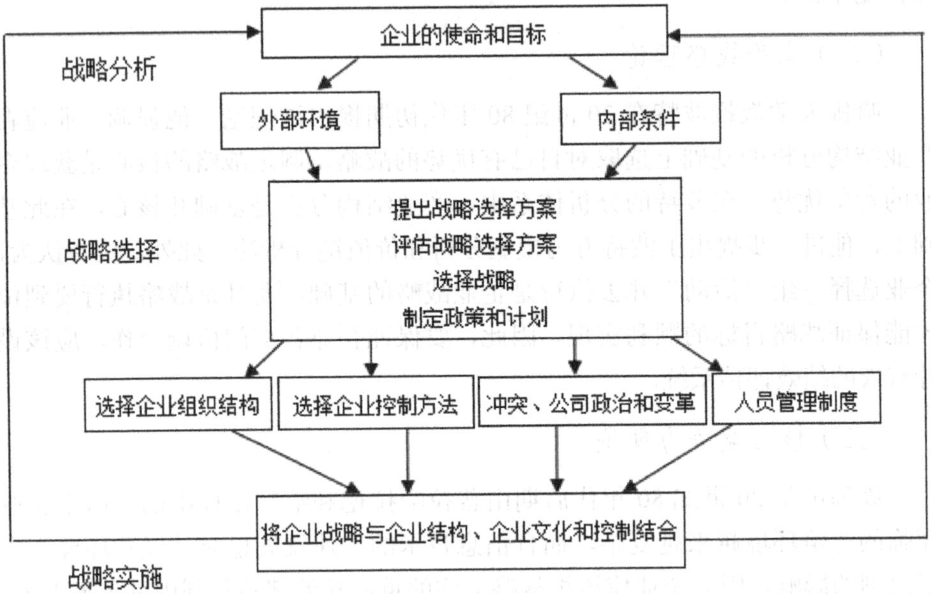

图 2-1 企业战略管理过程示意图

(一) 战略分析

战略分析是整个战略管理流程的起点，对于企业制定何种战略具有至关重要的作用。战略分析涉及对企业外部环境、影响企业发展的经济和政治等因素以及市场竞争深度的分析。除了外部影响因素以外，企业还要进行内部因素分析，目的是利用企业内部的技能和资源（包括人力资源、厂房、财务资源以及利益相关者的预期等）来满足利益相关者的期望。这个分析过程被称为“战略定位”。

某些战略学家认为，确定战略使命和目标的重要性大于对环境和资源的分析。企业首先需要确定目标，然后才是分析如何完成目标。本书所采纳的观点是，企业必须在环境和竞争资源的背景下制定目标。战略分析的方法多种多样，主要包括宏观环境分析法、波特五力模型、价值链分析、波士顿矩阵分析等，具体如图 2-2 所示。

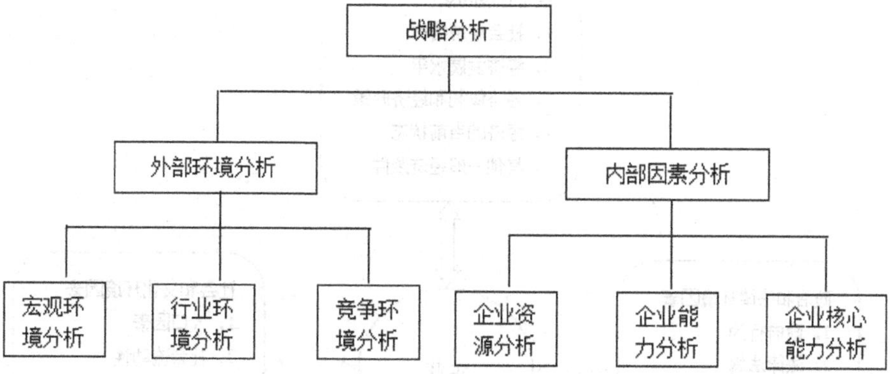

图 2–2 战略分析的内容

1. 外部环境分析

外部环境分析着眼于企业所处的一般宏观环境、行业环境和经营环境，如政治、经济、社会及技术因素等。在制定战略的过程中，一个非常重要的环节就是认识到企业在行业中取得成功的关键因素以及外部环境变化带来的机会和挑战。

（1）宏观环境分析。

一般宏观环境包括那些在企业周围的因素。以宏观环境会对企业产生什么影响作为出发点来考虑问题是非常重要的。企业必须适应周围的环境，才能达到利益相关者的期望，让客户对产品及服务满意，才有能力遵循所在社会的法律和道德准则的要求，成为对员工具有吸引力的公司。宏观环境分析中的关键因素包括：政治和法律因素（Political factors）、经济因素（Economical factors）、社会和文化因素（Social factors）、技术因素（Technological factors）。

宏观环境分析也被称为 PEST 分析，可客观地分析企业所处的外部环境，强调对企业组织产生影响的关键因素，并识别企业组织所面临的机会及威胁。图 2-3 所示为一般宏观环境因素的汇总。

（2）行业环境分析。

对处于同一行业的企业都会发生影响的环境因素集合就是行业环境。外部环境分析的第二步是定义一个行业并对该行业加以分析，从而找出该行业盈利的决定因素、目前及预期的行业盈利性及这些因素的变动情况。管理层必须确定企业如何与竞争对手区别开来：所提供的产品和服务、提供产品和服务的方式及地点，以及在形成竞争优势前所能达到的行业规模。

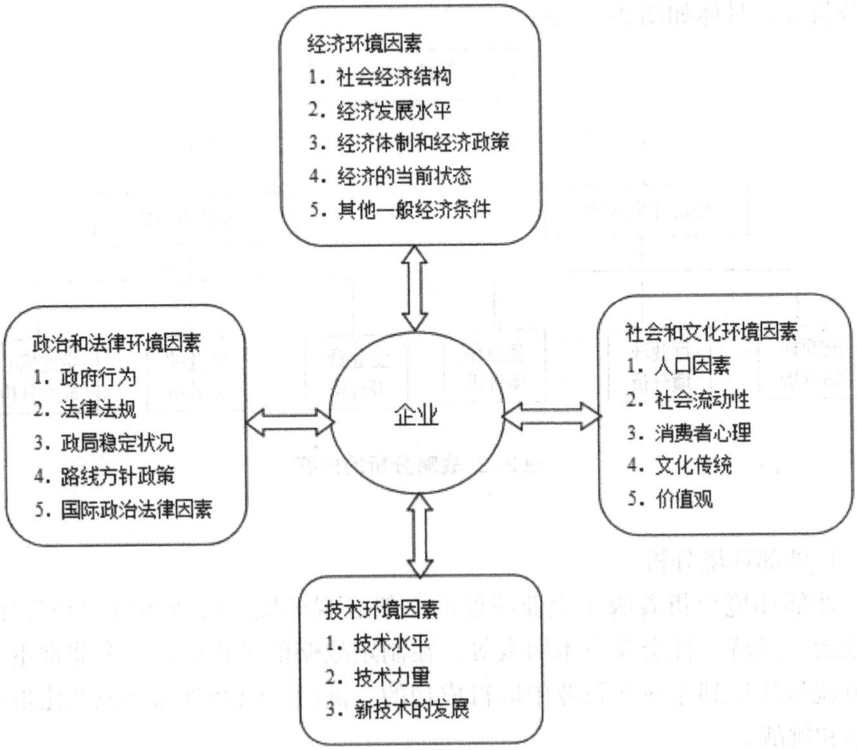

图 2-3 企业所处一般宏观环境因素

（3）竞争环境分析。

竞争环境分析主要围绕经营环境展开分析。经营环境又称为任务环境，主要是指影响企业获取必要资源或确保经营活动顺利开展的因素。经营环境比宏观环境和行业环境更容易为企业所影响和控制，也更有利于企业主动应对其带来的机会和威胁。

迈克尔·波特提出了最具影响力的竞争环境分析模型——五力模型，用以确定企业在行业中的竞争优势和行业可能达到的最终资本回报率。如图 2-4 所示，这五力分别是：①行业新进入者的威胁，②供应商的议价能力，③购买商的议价能力，④替代产品的威胁，⑤同业竞争者的竞争强度。波特认为，这五种竞争驱动力决定了企业的最终盈利能力。

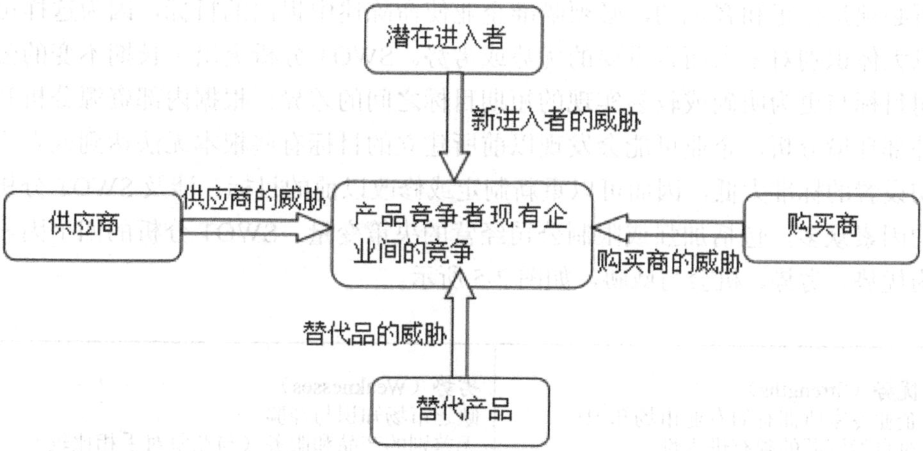

图 2-4 波特五力模型

2. 内部因素分析

在对企业进行详尽而全面的外部环境分析之后，接下来要做的就是通过内部分析找出什么是企业的核心竞争力。企业通过从事一系列活动提供产品和服务，这些活动形成了提供最终产品和服务的链条，而价值的创造就是源于顾客购买这些产品和服务的链条。为了从事这些活动，企业需要拥有条件相应的资源以及运用这些资源的能力。然而要形成战略价值，企业就必须拥有优于竞争对手的能力。企业使用优于竞争对手的方式从事生产经营活动，从而为顾客创造优越价值，这是企业创造的竞争优势，也是企业战略目标的本质。SWOT 分析是很多企业都熟悉的分析工具之一，它总结了企业的战略形势，并反映了战略必须使内部能力与外部状况相适应这一原则，即包括对优势、劣势、机会与威胁四个方面的分析。

企业评估分析（或 SWOT 分析）是将企业内部环境的优势与劣势、外部环境的机会与威胁同列在一张“十”字形图表中加以对照。这样既一目了然，企业又可以从内外环境的相互联系中做出更深入的分析评价。企业内部环境的优势和劣势是企业独有的信息，而外部环境的机会和威胁则是市场中每家企业所共有的信息。SWOT 分析综合分析了企业的内部资源与能力，如企业的优势和劣势以及对环境的分析，或行业内竞争所带来的机会和威胁等。SWOT 分析的目的在于明确企业在市场中所处的地位。

一旦进行了 SWOT 分析，企业就能够确定自己在市场中的地位，有利于企业选择好的战略以实现企业目标。企业的优势和劣势是相对于市场的期望及其对手来说的，如某企业相对来讲较为擅长或者不擅长什么。对企业的分析必须是公正和客观的，必须瞄准企业使命陈述中提出的目标，因为这样可以大体识别对未来而言重要的优势或劣势。SWOT 分析突出了长期不变的公司目标与更为明确或较易实现的短期目标之间的差异。根据内部资源分析和外部环境分析，企业可能会发现以前所建立的目标有些根本无法达到或者当初设置的标准太低，因而可以重新制定或修改以前的目标。涉及 SWOT 分析的因素众多，包括加强或限制公司经营的决策变量。SWOT 分析的四个因素为优势、劣势、机会与威胁，如图 2-5 所示。

优势（Strengths） 企业专家所拥有的专业市场知识 对自然资源的独有进入性 专利权 新颖的、创新的产品或服务 企业地理位置 因自主知识产权所获得的成本优势 质量流程与控制优势 品牌和声誉优势	劣势（Weaknesses） 缺乏市场知识与经验 无差别的产品和服务（与竞争对手相比较） 企业地理位置 竞争对手进入分销渠道的优先地位 产品或服务质量低下 声誉不好
机会（Opportunities） 发展中的新兴市场（中国、互联网） 并购、合资或战略联盟 进入具有吸引力的新的细分市场 新的国际市场 政府规则放宽 国际贸易壁垒消除 某一市场的领导者力量薄弱	威胁（Threats） 出现新的竞争对手 价格战 竞争对手发明新颖的、有创新性的替代产品 政府颁布新的规则 出现新的贸易壁垒 针对自己产品或服务的潜在税务负担

图 2-5 SWOT 分析法

（二）战略选择

战略选择是企业在战略分析的基础上回答企业未来向什么方向发展的问题。企业在战略选择阶段，首先要明确可选择战略的类型，然后按照不同的战略类型采用不同的方法来选择战略。

企业在对其内外部环境进行综合、全面的战略分析的基础上提出战略选择方案，进而选取一定的方法对企业战略方案的可行性以及优劣势进行对比，最终确定最适合企业的战略方案，这就是战略选择的过程。战略选择作为战略管理过程的关键环节，必须谨慎、科学地进行，因此，制定科学合理的战略选择方法是必要的。

选择战略的过程中，层面不同，企业选择战略的方法也不同：企业层面，选择战略最主要的方法就是SWOT分析法，这是一种对企业面临的优势与劣势、机会与威胁综合考量后进行全面的评价，进而选择出最适合企业的总体战略的方法；业务层面，战略选择可以采用“战略钟”方法；而职能层面，战略选择方法就更加多种多样了，如营销战略的选择可以参考波士顿矩阵，而财务战略选择可以采用财务战略矩阵等。

完成广泛的环境分析之后，管理层需要更加注重评估企业所处的环境，发现存在的机会和威胁。潜在的机会包括进入新市场的能力、扩张产品线来满足（或创造）新的客户需求、在新产品中转移技术和知识产权、创新以及稳固竞争地位等。潜在的威胁包括新竞争者的进入、客户需求下降、经济萧条以及不利的法律环境等。企业进行战略设计时需要捕捉已发现的机会，防范可能的威胁。企业制定战略的另外一个意义是形成相对于竞争对手的竞争优势，利用自己的强项，克服或最小化自己的弱项。强项包括使企业具有竞争优势的技能、专业技术和资源。弱项是指使企业处于不利地位的某个条件或领域。在企业和业务单位层面上存在着各种不同的战略。

企业战略有三个层次：总体战略、业务战略和职能战略。围绕企业战略的三个层次有不同的战略类型，如图2-6所示。

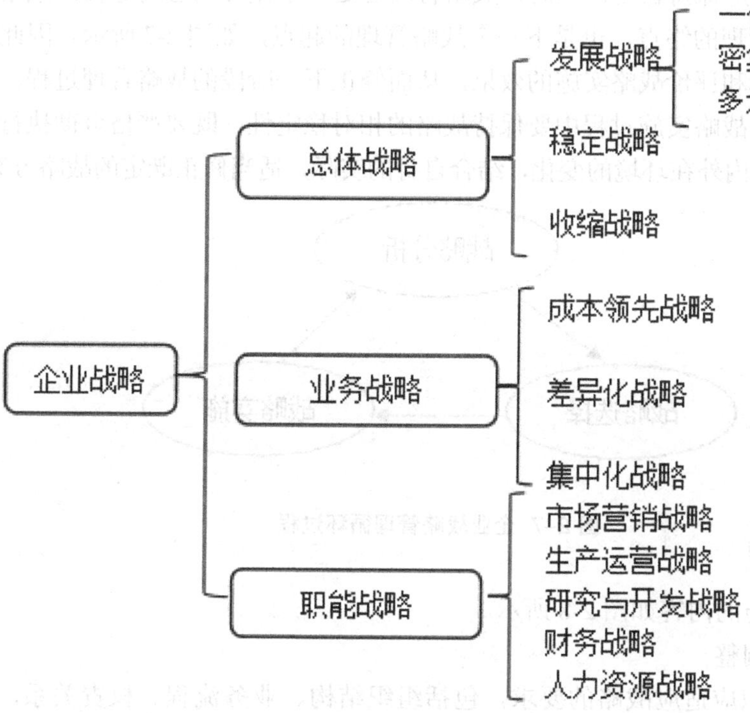

图2-6 企业战略类型

（1）总体战略选择。

企业层面的战略包括发展型战略、稳定型战略和收缩型战略。成长型战略是以扩大经营范围规模为导向的战略，包括一体化战略、多元化战略和密集型发展战略；稳定型战略是以巩固经营范围或规模为导向的战略，包括暂停战略、无变战略和维持利润战略；收缩型战略是以缩小经营范围或规模为导向的战略，包括扭转战略、剥离战略和清算战略。

（2）业务单位战略选择。

业务单位层面的竞争战略包括成本领先战略、差异化战略和集中化战略三个基本类型。判定是否选择上述战略的标准包括：该战略是否适宜企业环境，是否符合利益相关者的预期，从企业的资源和能力来看是否实际可行。

（三）战略实施

战略实施是指执行制定的战略方针，如何确保将战略转化为实践，主要内容是组织调整、调动资源和管理变革。战略实施中企业一方面要实时、有效地控制战略运行，保证企业战略按既定方向发展；另一方面要科学合理地评价和检验战略实施效果，保证达成战略目标。

战略实施中企业要把握好战略的长期性和整体性的关系，战略一经制定，在一个时段内应保持稳定。同时，战略管理也是一个循环动态的过程，战略实施作为战略管理的终点，也是下一个战略管理的起点，如图 2-7 所示。因此企业要不断检验和评价战略实施的效果，从而修正下一阶段的战略管理过程。这就要求企业在战略实施过程中要保持战略的相对稳定性，既要严格贯彻执行战略，又要根据内外在环境的变化，结合自身的实际，适当修正既定的战略方案。

图 2-7 企业战略管理循环过程

战略实施的内容如图 2-8 所示。

1. 组织调整

企业组织应适应战略的要求，包括组织结构、业务流程、权责关系，以及它们之间的相互关系都应适应企业战略的要求。战略的变化要求企业组织进行相应调整，以创建支持企业成功运营的组织结构。这项工作的困难在于，改变业已习惯的工作方式，并使文化背景不同的人之间建立起良好的工作关系。

2. 调动资源

调动资源是指调动企业不同领域的资源来适应新战略，包括人力、财务、技术和信息资源，促进企业总体战略和业务单位战略的成功。

3. 管理变革

企业调整战略时，需要改变企业日常惯例，转变文化特征，克服政治阻力。为此企业需要做到以下几点：

（1）诊断变革环境，包括确定战略变革的性质（渐进与突变）、变革的范围（转型与调整）、变革需要的时间、变革程度的高低、员工应对变革的思想准备程度、资源满足程度、企业文化与战略的冲突、变革的推动力量和阻碍力量等。

（2）根据变革环境的分析，确定变革管理的风格，包括教导、合作、干预、指令等备选风格。

（3）根据对变革环境的分析，确定变革的职责，包括战略领导和中层管理人员应当发挥的作用。

战略管理是一个循环过程，而不是一次性的工作。企业要不断监控和评价战略的实施效果，修正原来的分析、选择与实施工作。

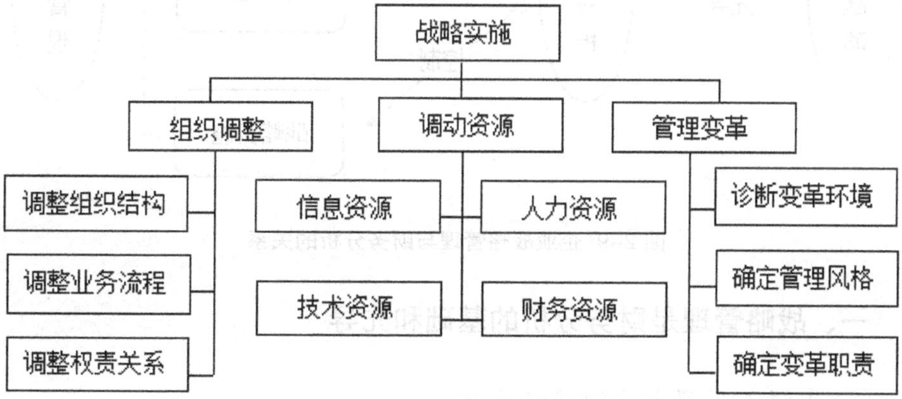

图 2–8 战略实施的内容

第三节 企业战略管理与财务分析

从战略管理理论和财务分析理论的关系出发，我们发现财务分析理论中的战略分析已成为财务分析体系中必不可少的一环。作为财务分析体系的基础和向导，战略分析可以深入了解其内外部环境，从而使财务分析更加客观、准确和真实。财务分析对企业战略管理过程有重要影响，如在战略分析、制定、实施与评价过程中，财务数据是其依据和支撑，而财务数据主要来源于财务分析。由此，合理、高效的财务分析思路和方法，是提高企业战略管理水平的重要因素。

企业战略管理与财务分析的关系可以总结为以下两种：第一，企业战略管理是财务分析的基础和先导；第二，财务分析为企业战略管理提供数据支撑、选择依据和实施控制方法。如图 2-9 所示。

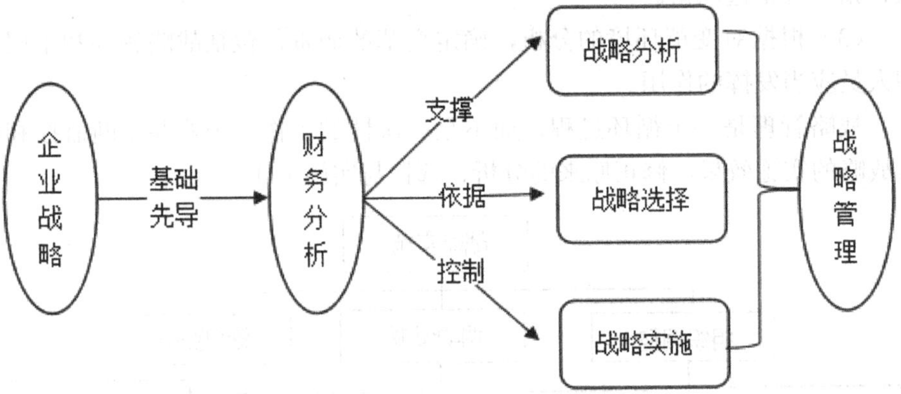

图 2-9 企业战略管理与财务分析的关系

一、战略管理是财务分析的基础和先导

（一）深入了解企业的经济状况

企业将战略管理作为财务分析的基础和先导，通过对企业所处的经营环境进行定性的了解，扩展了财务分析的范围，使分析结果更丰富和全面，为后续的财务分析打下基础。通过辨别企业经营管理的关键因素和主要风险，从而对企业目前的经营状况进行评估，并对未来前景做出合

理的预测。

（二）提高财务分析的效率和水平

战略的导向作用弥补了传统财务分析看似面面俱到，实则没有针对性的不足，使财务分析更加准确、客观和主次分明，提高了财务分析的效率和水平。现代企业战略管理的目标是提高企业的竞争力，财务管理的目标是使企业价值最大化，而财务分析作为财务管理的基本职能之一，其目标是为财务管理服务的，因此，财务管理与战略管理的目标是一致的。上述一致性决定了在战略管理下的财务分析的水平和效率更高。

二、财务分析为战略管理提供依据和支持

企业战略管理分为三个阶段：战略分析、战略选择和战略实施。财务分析与这三阶段的活动都密切相关。

（一）战略分析

战略分析阶段，无论是对企业外部环境还是内部环境的分析，都离不开财务分析的数据支撑。例如，通过比较企业的资产负债率和行业的平均资产负债率，可以了解企业的偿债能力在行业中所处的位置；通过比较企业与竞争对手之间的销售利润率，可以了解企业的盈利能力等；通过企业财务分析的数据，可以了解企业的竞争优劣势、在行业中的地位等，进而使企业战略分析更加客观准确。

（二）战略选择

战略选择阶段，企业在制定战略时以财务分析为重要参考依据，能够检验企业财务状况是否支持、匹配该战略方案，进而评估战略的财务可行性。企业在制定战略时，一般会提出几个备选战略供决策者选择，企业决策者在选择时，会通过内部收益率、净现值、现值指数、投资回收期等财务指标来评估各战略的优劣势，以判断其可行性。企业在选择战略时需要掌握准确、全面的财务信息，通过财务分析可以评价各战略的优劣，从而选出最佳战略方案。

（三）战略实施

战略实施阶段，财务分析作为企业战略实施情况评价的“晴雨表”，可以动态、实时地展现企业各层面战略的实施情况，起到控制战略的作用，以促进战略目标达成。战略实施系统就是将企业业绩衡量指标与战略目标责任人

的奖惩挂钩，激励责任人完成既定战略目标，从而实现战略控制。因此，战略目标的实现关键在于战略导向性的财务分析评价和考核体系，它通过分析、考核、反馈企业战略的实施情况，从而对战略实施进行控制。

第三章 基于战略视角的财务分析

[引例] H 集团财务战略与财务分析思考

H 集团创立于 20 世纪 80 年代，是我国最大也是世界上十大综合家电厂商之一。通过多年的持续稳定发展，H 产品从单一冰箱发展到拥有白色家电、黑色家电和米色家电在内的 96 大门类 15100 多个规格的产品群，并出口至 160 多个国家和地区。H 集团已成为在海内外享有较高美誉的大型国际化企业集团，骄人成绩的取得与 H 集团的企业战略和财务分析是密不可分的。

优势：H 集团有 9 种产品在我国市场位居行业之首，3 种产品在世界市场占有率居行业前三位，在智能家居集成、网络家电、数字化、大规模集成电路、新材料等技术领域处于世界领先水平。“创新驱动”型的 H 集团致力于向全球消费者提供满足需求的解决方案，实现企业与用户之间的双赢。

劣势：H 集团在信息传播和公关技巧方面欠缺，H 集团在公关方面的欠缺一部分原因在于 H 集团聘任机制上，只注重对技术知识的考察，忽略了对个人能力的考察。H 集团信息化进行得如火如荼，内部的信息化还好说，外部的信息化，尤其是与国内供应商、分销商的电子数据交换，却一直处于两难境地，采购和分销成本的降低仍然难以彻底实现。

机会：H 集团的成功在于企业文化，H 集团在未来的时间里要想取得长远的发展，应继续以 H 集团企业文化为基础，同时注重科技创新，以实现企业信息化。伴随着国际化的趋势越来越强，H 集团的发展机会在于把握时代脉搏，与时俱进，不断创新。H 集团未来的发展方向主要依靠三个转移：一是内部组织结构的转移；二是由国内市场转向国际市场，不是指产品出口，而是要在海外建厂、开公司；三是要从制造业转向服务业，做到前端设计，后端服务。

威胁：目前，H 集团仍然面临着很多威胁，伴随着家电企业的不断兴起，市场竞争也越来越激烈。H 集团须不断提高科学技术创新水平，进而提高自身优势。面对新的全球化竞争局面，H 集团确立全球化品牌战略的同时，应制定与之相匹配的财务战略。

首先，H 集团财务状况良好，现金流充足，资本运营水平较高，有较强的环境适应能力和市场竞争力。H 集团采用扩张型投资战略，不断对外进行大规模的投资、收购和兼并。企业资产规模逐年扩大，带来了营业收入的持续高速增长，净利润也高速增长，资产收益率逐步提高。

其次，H 集团以充裕的现金流为依托，充分利用商业信用筹资，提高营运资金使用效率；将内源筹资用于企业扩大再生产，因资金安全性高，保持了股本结构的稳定，同时企业经营不受债权人干预，有利于降低整体资本成本。

再次，H 集团的多元化经营模式日趋成熟，其投资具有明显的相关性和归核化的特点。进行相关性投资，利用企业资源和能力的通用性，成为其他家电类相关产业所要求的核心能力的重要组成部分，容易在相关产业间转移，形成产业协同效应。进行归核化投资，H 集团回归主业，提升品牌认知价值，先保证将核心业务做强做精，再集中使用企业资源，扩大规模，降低成本，提高效益。

最后，每年都适当发放现金股利，这样既能促进公司长远发展，又保障了股东权益，还可以稳定股价，保证公司股价在较长时期内基本稳定。

第一节 基于战略视角的财务分析信息

一、基于战略视角的财务分析信息

（一）财务分析信息的作用

从财务分析的内涵和基本程序都可看出，财务分析信息是财务分析的基础和不可分割的组成部分，对于保证财务分析工作的顺利进行，提高财务分析质量与效果有着重要的作用。

1. 财务分析信息是财务分析的根本依据

如果没有财务分析信息，财务分析，如“无米之炊”和“无本之木”，是不可能进行的。财务分析实际上是对财务信息的分析，如要分析企业的资产、负债和所有者的权益状况，就必须有资产负债表的信息，而要分析企业的盈利状况，则需要有利润表的信息等。

2. 收集与整理财务分析信息是财务分析的重要步骤和方法之一

从一定意义上说，财务分析信息的收集与整理过程，就是财务分析的过程。财务分析所用的信息并不是取之即来、来之即用的。不同的分析目的和分析要求，所需要的信息是不同的，这些不同包括信息来源不同、内容不同和形式不同等。因此，财务分析信息的搜集和整理是财务分析的基础环节。

3. 财务分析信息的数量和质量决定着财务分析的质量与效果

正因为财务分析信息是财务分析的基本依据和基础环节，因此财务分析信息的准确性、完整性、及时性对财务分析的质量和效果至关重要。使用错误的、过时的或不规范的财务分析信息，要保证财务分析的准确性是不可能的。

（二）基于战略视角的财务分析信息的种类

基于战略视角财务分析的信息是多种多样的，不同的分析目的、分析内容，所使用的财务分析信息可能是不同的。因此，按照不同的划分依据，财务分析信息的种类是不同的。

1. 内部信息与外部信息

财务分析信息按信息来源可分为内部信息和外部信息两类。内部信息是指从企业内部可取得的财务信息，外部信息则是指从企业外部取得的信息。

（1）内部信息。

企业的内部信息主要包括以下几类：

①会计信息。

会计信息可以分为财务会计信息和管理会计信息。会计核算资料又可分为财务会计核算资料和管理会计核算资料。财务会计核算资料包括资产负债表、利润表、财务状况变动表等国家财务会计制度规定企业编制的各种报表、财务状况说明书以及有关会计账簿等。管理会计核算资料主要包括责任会计核算资料、决策会计资料和企业成本报表等资料。

②统计和业务信息。

统计信息主要指各种统计报表和内部统计信息。业务信息则指与各部门经营业务及技术状况有关的核算与报表信息。总之，统计和业务信息包括了企业除会计信息之外其他反映企业实际财务状况或经营状况的信息。

③计划及预算信息。

计划及预算信息是企业管理的目标和标准，包括企业的生产计划、经营计划、财务计划、财务预算，以及各种消耗定额、储备定额、资金定额等。

（2）外部信息。

企业的外部信息主要包括以下几类：

①国家宏观经济政策与法规信息。

国家的宏观经济政策信息主要指与企业财务活动关系密切的信息，如物价上涨率或通货膨胀率、银行利息率、各种税率等；有关法规包括会计法、税法、会计准则、审计准则、会计制度等。

②综合部门发布的消息。

综合部门发布的信息包括国家统计局定期公布的统计报告和统计分析，国家经济贸易委员会的经济形势分析，国家发展和改革委员会的国民经济及有关部门的经济形势预测，各证券市场和资金市场的有关股价、股权利息等方面的信息等。

③监管部门的信息。

监管部门的信息包括企业或公司的直接或间接主管部门提供的信息。就来源而言，这些信息与国家宏观经济政策与法规信息和综合部门发布的信息极为相似，都是来自政府部门或者准政府组织的。但是监管部门的信息更能反映国家作为经济管理者所发挥的作用，披露的信息通常与具体的企业密切相关。

④中介机构的信息。

中介机构的信息指会计师事务所、资产评估事务所等提供的企业资产评估报告和审计报告等。

⑤报纸杂志的信息。

报纸杂志的信息指各种经济著作、报纸及杂志的科研成果、调查报告、经济分析中所提供的与企业财务分析有关的信息。

⑥企业间交换的信息。

企业间交换的信息指企业与同行业其他企业或有业务往来的企业间相互交换的报表及业务信息等。

⑦国外有关信息。

国外有关信息指从国外取得的各种经济信息。取得的渠道有出国考察访问、购买国外经济信息报纸杂志、国际会议交流等。

2. 定期信息与不定期信息

财务分析信息根据取得的时间的确定程度可分为定期信息和不定期信息。定期信息是指企业经常需要，可定期取得的信息。不定期信息则是根据临时需要收集的信息。

（1）定期信息。

企业的定期信息主要包括以下几类：

①会计信息。

会计信息，尤其是财务会计信息是以会计准则、制度规定的时间，按月度及年度核算和编报的，是企业财务分析可定期获得的信息。

②统计信息。

企业的统计月报、季报和年报信息也是财务分析信息的定期信息之一。

③综合经济部门的信息。

综合经济部门的信息有的按月公布，有的按季公布，有的按年公布，也有一些市场信息是按日或按旬公布的。

（2）不定期信息。

企业的不定期信息主要包括宏观经济政策信息、企业间不定期交换的信息、国外经济信息、主要报纸杂志信息等。不定期信息，有的是因为信息不能定期提供形成的，有的是因为企业不定期分析形成的。企业在进行财务分析时，应注重定期信息的收集和整理，同时也应及时收集不定期信息。

3. 实际信息与标准信息

财务分析信息根据实际发生与否可分为实际信息和标准信息。实际信息是指反映各项经济指标实际完成情况的信息。标准信息是指作为评价标准而被收集与整理的信息，如预算信息和行业信息等。财务分析通常是以实际信息为基础进行的，但计划及标准信息对于评价企业财务状况也是不可缺少的。

4. 财务信息和非财务信息

财务分析信息根据是否直接反映企业的经营成果、财务状况和现金流量，可分为财务信息和非财务信息。通常而言，财务信息是指以数字方式反映企业的经营成果、财务状况和现金流量的信息；非财务信息是以非数字方式反映企业组织结构、内部治理、战略目标和未来发展计划等方面情况的信息。

（三）上市公司的财务分析信息

上述提到财务分析信息的几种分类方式，在财务分析信息的收集过程中，用到最多的是内部信息和外部信息。企业的信息，除了上市公司按照国家有关证券管理部门规定必须对外公开的资金外，其余都是非公开的。公开的信息容易收集，非公开的信息除了内部人员和某些外部人员（如注册会计师、税务人员、工商行政管理人员、银行信贷人员等），对其他人员一般来说是不可能获得的。不能获取充分的信息，必然影响分析工作的深入进行，进而影响分析结果的正确性和可靠性。下面以上市公司为例予以说明。

1. 企业必须对外公开的信息

（1）说明书。

招股说明书是股票发行人向证监会申请公开发行股票时提交的申报材料的必备部分，是向公众发布的旨在公开募集股份的书面文件。招股说明书的主要财务信息包括：投资风险和对策、筹集资金的运用、股利分配政策、验资证明、经营业绩、股本、债务、资产、盈利预测以及主要的财务会计信息。

（2）上市公告。

上市公告是公司的股票获准在证券交易所交易之后，公司对社会公众公布的文件。上市公告除包含招股说明书的内容外，还包括以下内容：股票获准在证券交易所交易的日期和批准文号，股票发行情况，公司创立大会或者股东大会同意公司股票在交易所交易的决议，董事、监事、独立董事和高级管理人员简历及其持有本公司股份的情况，公司近三年或成立以来的经营业绩和财务状况，下一年的盈利预测文件，证券交易所要求载明的其他事项。

（3）定期报告。

定期报告分为年度报告和中期报告。

①年度报告。年度报告包括：公司简介、会计数据和业务数据摘要、董事长或总经理的业务报告、董事会报告、监事会报告、股东大会简介、财务会计报告、年度内发生的重大事件及其披露情况要览。

②中期报告。中期报告包括：重要提示，上市公司基本情况，股本变动和主要股东持股情况，董事、独立董事、监事、高级管理人员情况，重大事件的说明，财务会计报告。中期报告一般无须经过审计，其形式有半年报和季报两种。

（4）临时公告。

临时公告包括重大事件公告和公司收购公告。

①重大事件公告。

重大事件是指已经发生的对上市公司原有的财务状况和经营成果已经或将要产生较大影响并影响到上市公司股票市价的事件。上市公司发生重大事件时，应立即报告证券交易所和证监会，并向社会公布说明事件的性质。

②公司收购公告。

按《证券法》规定，通过证券交易所的证券交易，投资者增持或减持一家上市公司已发行股份的5%时，应当向证券交易所做出书面报告，通知该上市公司并予以公告。公告内容包括：持股人的名称、住所，所持股票名称、数量，持股达到法定比例的日期。

2. 企业非公开的信息

企业非公开的信息包括原始凭证、记账凭证、会计账簿，董事会、股东大会决议，根据经营管理需要而自行设计、编制的内部报表，如成本费用报表、责任会计报表等，反映产品品种、产量、质量、各种消耗定额等业务信息和统计信息，各种预测、决策、预算和计划信息等。

二、财务报告的内涵与作用

（一）财务报告的内涵与种类

财务报告是企业对外提供的反映企业某一特定日期财务状况和某一会计期间经营成果、现金流量等会计信息的书面文件。财务报告包括财务报表和其他应当在财务报告中被披露的相关信息和资料。其中，财务报表由报表本身及附注两部分构成，附注是财务报表的有机组成部分，而报表主要由对外报出的会计报表、会计报表附注构成。企业财务报表按照不同的划分标准或从不同的角度划分，可分为以下几类：

1. 按会计报表反映的经济内容划分

按会计报表反映的经济内容可分为：资产负债表、利润表、所有者权益变动表和现金流量表。

2. 按会计报表编制范围划分

按会计报表编制范围可分为：企业会计报表和合并会计报表。

3. 按会计报表的使用对象划分

按会计报表的使用对象可分为：对外会计报表和对内会计报表。

4. 按会计报表编制时期划分

按会计报表编制时期可分为：年度报表、季度报表和月度报表。

（二）财务报告的作用

从信息的类型来看，财务报告的内容包括财务信息和非财务信息两部分。财务报告在财务分析中的作用，主要表现在以下三个方面：

1. 披露公司的经营成果和财务状况

作为年度报告的重要组成部分，财务报告提供了公司经营成果和财务状况详细的量化信息。在董事会报告中，董事会对报告期内公司的经营成果进行详细分析，并提供更为精确的信息。此外，年度报告还披露公司关联方交易的交易方、交易原则、交易价格等信息。这些信息分别从不同方面和角度披露公司的财务状况和经营成果。

2. 介绍公司所处行业情况和内部治理机制等背景资料

对公司进行财务分析，离不开对公司所处行业和内部治理结构的了解。虽然这些非财务信息不能直接反映经营成果和财务状况，但是能提供对公司进行深入分析的必要信息。不同行业间的盈利能力和资产营运效率存在着差异，若大家不了解公司的行业背景，便难以对财务效率进行正确的分析；相同的财务行为或者经营活动具有不同的经济含义，缺少对公司股权结构和公司治理结构的了解，则难以进行科学的财务分析。

3. 提供公司未来的经营计划

在年度报告中，公司管理层会分析公司所处行业的发展趋势及公司面临的市场竞争局面，向投资者提示管理层所关注的公司未来的发展机遇和挑战，披露公司的发展战略，以及拟开展的新业务、拟开发的新产品和拟投资的新项目等。同时，公司会披露新年度的经营计划，包括收入、费用、成本计划及新年度的经营目标，如销售额的提升、市场份额的扩大、成本的升降和研发计划，以及为达到上述经营目标拟采取的策略和行动等。

三、财务报告的主要内容

（一）会计报表概述

1. 会计报表包括资产负债表、利润表和现金流量表

资产负债表的附表有资产减值准备、应付职工薪酬和应交税费明细表三种。利润表的附表主要有利润分配表和分部报表两种，也可以根据需要编制主营业务收支明细表（亦称主要产品销售利润明细表）、管理费用明细表、营业费用明细表、财务费用明细表、营业外收支明细表、投资净收益明细表、其他业务收支明细表等附表。

2. 会计报表按编制范围可分为企业会计报表和合并会计报表

企业会计报表，又称个别会计报表，是由企业编制的反映本企业某一特定日期财务状况和某一会计期间经营成果、现金流量的会计报表。

合并会计报表是以母公司和子公司组成的企业集团为会计主体，以母公司和子公司单独编制的个别报表为基础，由母公司编制，综合反映企业集团某一特定日期财务状况和某一会计期间经营成果、现金流量的会计报表。合并会计报表的各项目是根据母公司本身会计报表相应项目与所有纳入合并范围的子公司会计报表相应数据之和扣除该项目抵消数后的余额填列的。

（二）会计报表附注概述

为了便于会计报表使用者全面、正确地理解财务报表，有必要解决会计报表信息量不足的问题，为此《企业会计准则》规定，编制会计报表的同时要编写会计报表附注，以作为会计报表的必要补充，对会计报表不能包括的内容或披露不详尽的内容作进一步解释说明。报表的附注提供会计报表信息

生成的依据，并提供无法在报表上列示的定性信息和定量信息，从而使报表中的信息更加完整，为财务分析奠定良好的信息基础。根据《企业会计准则》规定，企业应当按照一定的结构对附注进行系统合理的排列和分类，使其有顺序地披露信息。

会计报表附注主要包括企业的基本情况、财务报表的编制基础、遵循《企业会计准则》的声明、重要会计政策和会计估计、会计政策和会计估计变更以及差错更正的说明、合并财务报表的合并范围、重要报表项目的说明以及重要事项揭示等内容。

（三）审计报告

注册会计师审计报告是进行财务分析的重要信息。有人将审阅注册会计师审计报告作为财务分析的首要步骤，这足以说明审计报告的重要性。审计报告可向财务分析师提供有关财务报告是否公正表述的独立性、权威性意见。

注册会计师在审计报告中对所审计的财务报告可提出以下五种意见中的一种：

（1）标准无保留意见。

（2）带解释性说明的无保留意见。

（3）保留意见。

（4）否定意见。

（5）无法表示意见。

在上述五种意见中，第一种属于标准审计报告意见，后四种属于非标准审计报告意见，其中保留意见、否定意见和无法表示意见又被称为非无保留意见。注册会计师在审计报告中如果提出后四种意见，必须做出必要的说明。对财务分析而言，标准无保留意见是最有力的审计意见。

（四）会计报表的局限性

一般地说，会计报表的局限性主要体现在以下几方面：

1. 会计报表计量的局限性

会计报表计量的局限性是指会计报表都是以货币为计量单位计量的，不能反映企业经营中的非货币性事项。

2. 会计报表内容的局限性

会计报表内容的局限性主要体现在以下几个方面：

（1）会计报表由于制度原因、保密原因或规范原因等，不能提供详尽的因素分析数据（成本核算）。

（2）会计报表不能反映企业未来将要发生的事项，只是对历史情况的反映。

（3）会计报表不能表明企业采用的具体会计原则和会计方法。

3. 会计报表时间的局限性

会计报表的编报通常是按月进行的，也有些会计报表是按年进行的，且报表形成或报出时间与报表内容反映的时间之间又存在一段距离，因此，会计报表信息并不一定反映当时企业的真实情况。

四、会计报表

（一）资产负债表

1. 基本结构与内容

资产负债表是反映企业某一时点财务状况的会计报表。资产负债表是根据“资产＝负债＋所有者权益”的会计等式，依照一定的分类标准和一定的次序，对企业一定日期的资产、负债和所有者权益项目予以适当安排，按一定的要求编制而成的。

2. 资产项目的构成及作用

资产是企业拥有或者控制的能以货币计量的经济资源，包括企业的各种财产、债权和其他权利。资产按其流动性状况，一般分为流动资产、长期投资、固定资产、无形资产、递延资产和其他资产等。企业各类资产的特点和组成项目是不同的，在企业生产经营中的作用也是不同的。资产负债表中资产项目按上述分类，为财务分析提供了丰富的信息，起到了重要的作用。

（1）提供了企业变现能力的信息。

资产项目是按流动性排列的，流动性也就是变现性。这些信息无论对于债权人，还是对于经营者、投资者，都是有用的。

（2）提供了企业资产结构信息。

这有利于反映企业经营状况和资源配置与使用，如有形资产与无形资产结构的合理性，流动资产与固定资产结构的合理性。

（3）提供了反映企业资产管理水平的信息。

如资产负债表上的应收账款等项目，可在一定程度上反映企业对应收账款的管理水平。

（4）提供了反映企业价值的信息。

3. 负债项目的构成及作用

负债是企业所承担的能以货币计量，将以资产或劳务偿付的债务。资产负债表按负债偿付时间的长短将负债分为流动负债和长期负债，为财务分析提供了以下有用信息：

（1）提供了反映企业总体债务水平的信息。

负债要求按期支付本金和利息，因此企业的负债水平是关系企业的经营战略、经营状况和效果的一个重要问题。企业债务规模的大小反映了其所面临风险的大小，而且这种风险对于企业债权者、投资者和经营者都是存在的。

（2）提供了反映企业债务结构的信息。

负债分为流动负债和非流动负债两类，两类负债特点不同，为研究短期债务结构和长期债务结构提供了方便。企业经营者通过合理调整负债结构，一方面能保证正常经营的资金需要，另一方面可降低资金成本，提高经济效益。企业的债权人通过对债务结构进行分析，可判断出企业的偿债能力，特别是分清企业的短期偿债能力和长期偿债能力。

4. 所有者权益项目的构成及作用

所有者权益是指企业投资者对企业净资产的所有权，它是企业资金来源的主要部分。所有者权益包括实收资本、资本公积、盈余公积和未分配利润四大类。资产负债表中的所有者权益项目是按权益的永久性程度高低排列的，资产负债表对所有者权益项目的划分，为财务分析提供了如下信息：

（1）反映企业所有者权益内部结构的信息。

所有者权益的内部结构反映了企业自有资金的来源构成，这个结构的合理性对于企业投资者或所有者的利益有着重要的影响。

（2）企业收益分配情况的信息。

企业收益的分配主要是利润的分配，其程序和方法应按国家的有关规定进行。盈余公积和未分配利润等项目的变动可反映利润分配的状况。这些不仅是投资者所关心的，监管部门也对其感兴趣。

5. 资产负债表附表

资产负债表中所列示的项目信息是被高度浓缩后的信息。受制于资产负债表的格式要求，这些信息的来源和构成无法直接在资产负债表中被加以披露。为此，资产负债表的编制者根据现有《企业会计准则》的要求，将这些信息在会计报表附注中加以详细的披露。由于编制者通常会采用表格的形式对附注信息加以披露，因此其也称为资产负债表附表。资产负债表附表主要有以下三种：

（1）资产减值准备明细表：有助于对企业资产减值政策及实施情况进行客观的分析。

（2）应付职工薪酬明细表：通过该表可以获得企业支付的职工工资性质

的收入、社会保险费、住房公积金和非货币性福利等方面的金额及构成情况的信息，可反映企业社会责任的履行情况。

（3）应缴税费明细表：反映企业应缴税费详细情况的报表。通过该表，企业可以获得其在一定期间各项税费缴纳情况的信息。

（二）利润表

利润表是反映企业在一定期间（如年度、月度或季度）内生产经营成果的会计报表。利润表有两种格式，一是单步式利润表，二是多步式利润表。

1. 利润表的信息作用

利润表的格式内容及基本钩稽关系为财务分析提供了有用的信息。从财务分析的不同角度看，利润表可提供的信息及其作用主要有以下几点：

（1）提供了反映企业财务成果的信息。

企业的财务成果，即企业实现的利润，是企业经营的根本目标所在，是企业经营者、投资者以及长期债权人都十分关心的信息。利润表系统明确地提供了企业不同业务的财务成果信息，这对于我们分析评价各方面的经营业绩，以及将本企业与同类企业进行同类业务对比都是有益的。

（2）提供了反映企业盈利能力的信息。

企业盈利能力是企业投资者和经营者都非常关心的问题。它不仅可用于评价企业的经营业绩，而且是投资者、经营者进行决策的依据。盈利能力通常体现了财务成果和与其相关的一些指标之间的比率关系，如财务成果与收入的比率关系、财务成果与成本费用的比率关系。利润表不仅提供了财务成果的信息，也提供了盈利能力分析所需要的收入信息和成本费用信息，这对于我们评价企业盈利能力是非常重要的。另外，其他反映盈利能力的指标的计算，也离不开利润表提供的数据。

（3）提供了反映企业营业收入、成本费用状况的信息。

企业营业收入和成本费用状况是企业生产经营状况的直接和具体体现。因此对营业收入的分析往往是经营分析的重点。通过营业收入和成本费用的分析，我们可找出企业生产经营过程中存在的问题和不足，这对于评价企业经营业绩、规划企业未来都是十分重要的。

（4）提供了反映企业经营业绩结构的信息。

在利润表中，经营业绩的来源被划分为经常性的营业利润和非经常性的营业外收支。营业利润又可分为营业收入、投资收益和公允价值变动三项。通过比较不同业绩之间的差异，我们能够了解经营业绩的结构，为分析企业经营业绩的质量和未来的持续性提供必要的信息。

2. 利润表附表

利润表的附表主要有以下两类：

（1）利润分配表。

利润分配表是利润表的附表之一，提供了反映企业利润分配情况的信息。利润分配是与企业有关的利益各方都十分关注的问题，也是企业财务关系的具体体现。利润分配为进行利润分配分析提供了系统完整的信息。利用利润分配表的信息，我们不仅可进行利润分配结构分析，研究利润分配各方的比例合理性，而且可进行利润分配的对比分析，研究本年利润分配与上年利润分配的变动及其特点。另外，根据利润分配的数额，还可检查企业利润分配的合法性。

（2）分部报表。

分部报表是利润表的附表之一，是反映企业各行业、各地区经营业务的收入、成本、费用、营业利润、资产总额和负债总额等情况的报表。

（三）所有者权益变动表

1. 所有者权益变动表的基本结构与内容

所有者权益变动表是反映企业在一定期间（如年度、季度或月度）内，所有者权益的各组成部分当期增减变动情况的报表。在表中，当期损益、直接计入所有者权益的利得和损失以及与所有者的资本交易所导致的所有者权益的变动应分别列示。

2. 所有者权益变动表的作用

（1）提供了利润表和资产负债表的辅助信息。

所有者权益变动表中的“直接计入所有者权益的利得和损失”以及“利润分配”与利润表之间存在较强的关联性。“直接计入所有者权益的利得和损失”与利润表中的“公允价值变动净损益”相辅相成，共同反映了公允价值变动对企业产生的影响。“利润分配”则提供了企业利润分配的去向和数量，为利润表提供辅助信息。所有者权益变动表提供的所有者权益结构变动信息与资产负债表中的所有者权益信息部分相辅相成，提供了所有者权益变动的信息。

（2）提供了企业全面收益的信息。

从企业所有者的角度来看，所有者权益的变动反映了所有者在公司中所拥有的财务情况的变动。若不考虑增资、发放股利和内部的结转，影响所有者权益变动的主要因素是经营活动的收益和直接计入股东权益的利得和损失，两者之和被视为企业的全面收益。全面收益不仅反映了企业的经营情况，还反映了公允价值变动对企业所有者财富状况产生的影响，能为所有者提供更为全面的投资决策信息。

（四）现金流量表

现金流量表实际上是资金变动表的一种。资金表或资金来源与运用表，是根据企业在一定时期内各种资产和权益项目的增减变化，来分析反映资金的取得来源和资金的流出用途，说明财务动态的会计报表。以现金为基础编制的资金表实际上就是现金流量表。

第二节 基于战略视角的财务分析程序与方法

一、财务分析程序的内涵及不同观点

财务分析的程序亦称财务分析的一般方法，是指进行财务分析时所应遵循的一般规程。研究财务分析程序是进行财务分析的基础与关键，它为开展财务分析工作，掌握财务分析技术指明了方向。

美国南加州大学尼格斯教授将财务分析的程序归纳为：第一步，从企业所提供的各项财务信息中，选择与决策有关的信息；第二步，将所选择的各项财务信息，按妥善的方式予以安排，以揭示各项财务信息所隐含的重要关系；第三步，研究各项财务信息所隐含的重要关系并解释其结果。

美国哈佛大学帕利普教授等将财务报表分析的程序归纳为四个步骤：第一步是经营策略分析，第二步是会计分析，第三步是财务分析，第四步是前景分析。

上海财经大学孙铮教授等将财务分析的程序归纳为：第一步，审阅注册会计师审计报告；第二步，审阅整套财务报表，第三步，运用分析方法，如比较报表分析法、横向与纵向百分比分析法、比率分析法等；第四步，参考重要的补充信息。

纵观这些财务分析程序，它们有相同点，即在收集财务分析信息、分析财务信息、得出财务分析结论等程序上是基本一致的，区别主要体现在具体分析环节或细节上。

二、财务分析程序与步骤

基于战略视角的财务分析程序可归纳为五个阶段：财务分析信息的收集整理、战略分析、财务报表分析、财务分析实施和财务综合分析及业绩评价。

（一）财务分析信息收集整理阶段

收集和整理财务信息的步骤如下：

1. 明确财务分析目的

进行财务分析，首先必须明确为什么要进行财务分析。是要评价企业经营业绩，做出投资决策，还是要制定未来经营策略？只有明确了财务分析的目的，才能正确地收集整理信息，选择正确的分析方法，从而得出正确的结论。

2. 制订财务分析计划

我们在明确财务分析目的的基础上，应制订财务分析的计划，包括财务分析的人员组成及分工、时间进度安排、财务分析内容及拟采用的分析方法等。财务分析计划是财务分析顺利进行的保证。

3. 收集整理财务分析信息

财务分析信息是财务分析的基础，信息收集整理的及时性、完整性、准确性，对分析的正确性有着直接的影响。信息的收集整理应根据分析的目的和计划进行。

（二）战略分析阶段

企业战略分析是通过对企业所在行业或企业拟进入行业的分析，明确企业自身地位及应采取的竞争战略。企业战略分析通常包括行业分析和企业竞争策略分析。企业战略分析的关键在于企业如何根据行业分析的结果，正确选择企业的竞争策略，使企业保持持久竞争优势和较强的盈利能力。企业的竞争策略有许多，重要的竞争策略主要有两种，即低成本竞争策略和产品差异策略。企业战略分析是会计分析和财务分析的基础和导向。通过企业战略分析，分析人员能深入了解企业的经济状况和经济环境，从而能够进行客观、正确的会计分析与财务分析。

（三）财务报表分析阶段

财务报表分析主要是分别对企业的资产负债表、利润表、现金流量表和所有者权益变动表的分析。财务分析的目的在于评价企业会计所反映的财务状况与经营成果的真实程度。财务分析的作用在于：一方面，通过对会计政策、会计方法、会计披露的评价，揭示会计信息的质量；另一方面，通过对会计灵活性、会计估价的调整，修正会计数据，为财务分析奠定基础，并保证财务分析结论的可靠性。进行会计分析的步骤：一是阅读会计报告，二是修正会计报表信息，三是比较会计报表，四是解释会计报表。会计分析是财务分析的基础。通过会计分析，对发现的由于会计原则、会计政策等原因引起的会计信息差异，应通过一定的方式加以说明或调整，消除会计信息失真的问题。

（四）财务分析实施阶段

财务分析的实施是在战略分析与财务分析的基础上进行的，它主要包括两个步骤：

1. 财务指标分析

财务指标包括绝对数指标和相对数指标两种。对财务指标进行分析，特别是进行财务比率指标分析是财务分析的一种重要方法或形式。财务指标能准确反映某方面的财务状况。进行财务分析时，应根据分析的目的和要求选择正确的分析指标。正确选择与计算财务指标是正确判断与评价企业财务状况的关键所在。

2. 基本因素分析

财务分析不仅要解释现象，而且应分析原因。因素分析就是要在报表整体分析和财务指标分析的基础上，对一些主要指标的完成情况，从其影响因素角度深入进行定量分析，确定各因素对其的影响，为企业正确进行财务评价提供最基本的依据。

（五）财务综合分析评价阶段

财务分析综合评价阶段是财务分析实施阶段的继续，具体又分为两个步骤：

1. 财务综合分析与评价

财务综合分析与评价是在应用各种财务分析方法进行分析的基础上，将定量分析结果、定性分析判断及实际调查情况结合起来，以得出财务分析结论的过程。财务分析结论是财务分析的关键步骤，结论正确与否是判断财务分析质量好坏的唯一标准。一个正确的分析结论往往需要经过几次反复的分析过程。

（1）财务综合分析方法。

财务综合分析方法有很多，概括起来可分为两类：一是财务报表综合分析，如资产与权益综合分析、利润与现金流量综合分析等；二是财务指标体系综合分析，如杜邦财务分析体系、杜邦财务指标体系改进分析等。

（2）财务综合评价方法。

财务综合评价方法有综合指数评价法、综合评分法等。

2. 财务分析报告

财务分析报告是财务分析的最后步骤，它将财务分析的基本问题、财务分析结论以及针对问题提出的措施建议以书面形式表示出来，为财务分析主体及财务分析报告的其他受益者提供决策依据。财务分析报告作为对财务分析工作的总结，还可以作为历史信息以供后来的财务分析参考，保证财务分析的连续性。

（1）财务分析报告的含义与作用。

财务分析报告是指财务分析主体对企业一定时期内筹资活动、投资活动、经营活动中的盈利状况、营运状况、偿债状况等进行分析与评价所形成的书面文字报告。

①财务分析报告为企业外部潜在投资者、债权人、政府有关部门评价企业经营状况与财务状况提供参考。

②财务分析报告为企业改善与加强生产经营管理提供重要依据。

③财务分析报告是企业经营者向董事会和股东会或职工代表大会汇报的书面材料。

（2）财务分析报告的格式与内容。

财务分析报告的格式和内容，根据分析目的和用途的不同可能会有所不同。例如，专题报告的格式和内容与全面分析报告的格式和内容就不同，月度财务分析报告与年度财务分析报告的格式和内容也可能不同。这里就全面分析报告的一般格式和内容加以说明。

①基本财务情况反映。

基本财务情况反映主要说明企业各项财务分析指标的完成情况，包括企业盈利能力情况，如利润额及增长率、各种利润率等；企业营运状况，如存货周转率、应收账款周转率、各种资产额的变动和资产结构变动、资金来源与运用状况等；企业权益状况，如企业负债结构、所有者权益结构的变动情况，以及企业债务负担情况等；企业偿债能力状况，如资产负债率、流动比率、速动比率的情况等；企业产品成本的升降情况等。对于一些对外报送的财务分析报告，还应说明企业的性质、规模、主要产品、职工人数等情况，以便财务分析报告使用者对企业有比较全面的了解。

②主要成绩和重大事项说明。

这一部分在全面反映企业总体财务状况的基础上，主要对企业经营管理中取得的成绩及原因进行说明。例如，企业取得的利润有了较大幅度的增长，主要原因是提高了产品质量、降低了产品消耗、打开了市场销路等；企业支付能力增强、资金紧张得以缓解，主要原因是产品适销对路、减少了产品库存积压、加快了资金周转速度等。

③对存在问题的分析。

对存在问题的分析是企业财务分析的关键所在。财务分析报告如果不能将企业存在的问题分析清楚，分析的作用就不能很好地发挥，至少我们不能认为这个分析报告是完善的。对企业存在问题的分析：一要抓住关键问题，二要分清原因。例如，假设某企业几年来资金一直十分紧张，经过分析发现，问题关键在于企业固定资产投资增长过快，流动资产需求增多，即资产结构失衡。又如，企业产品成本居高不下，主要原因在于工资增长水平快于劳动生产率的增长水平等。另外，对于存在的问题，应分清其是由主观因素引起的，还是由客观原因造成的。

④提出改进措施和意见。

财务分析的目的是发现问题并解决问题。财务分析报告对企业存在的问题必须提出切实可行的改进意见。例如，对于企业资产结构失衡的问题，解决的措施是减少固定资产或增加流动资产。在企业资金紧张、筹资困难的情况下，减少闲置固定资产是可行之策。因为在资金十分紧张的情况下，再要增加流动资产，势必加剧资金紧张的程度，不利于问题的解决。

三、财务分析方法

（一）比较分析法

比较分析法是指通过将相关经济指标值与选定比较标准进行对比分析，以确定指标与标准间差异和趋势的方法。比较分析法最主要的特点是能区分企业实际财务、经营指标和标准的差异，包括差异方向、差异性质和差异大小。比较分析法主要包括水平分析法、垂直分析法和趋势分析法。

1. 水平分析法

水平分析法，指将反映企业报告期财务状况的信息（特别指会计报表信息资料）与反映企业前期或历史某一时期财务状况的信息进行对比，研究企业各项经营业绩或财务状况的发展变动情况的一种财务分析方法。水平分析法的基本要点是，将报表资料中不同时期的同项数据进行对比，对比的方式有以下几种：

（1）某项目变动额，其计算公式是：

$$某项目变动额=该项目期末余额-该项目期初余额$$

（2）某项目变动率，其计算公式是：

$$某项目变动率=\frac{该项目变动率}{该项目期初余额}\times 100\%$$

（3）某项目变动对总资产的影响，其计算公式是：

$$某项目变动对总资产的影响=\frac{该项目变动额}{基期总资产}\times100\%$$

2. 垂直分析法

垂直分析法与水平分析法不同，不是将企业报告期的分析数据直接与基期数据进行对比求出增减变动和增减变动率，而是通过计算报表中各项目占总体的比重或结构，反映报表中的项目与总体的关系情况及其变动情况。会计报表经过垂直分析法处理后，通常被称为同度量报表或总体结构报表、共同比报表等。垂直分析法的一般步骤如下：

（1）确定报表中各项目占总额的比重或百分比，其计算公式为：

$$某项目的比重=\frac{该项目金额}{各项目总金额}\times100\%$$

（2）通过各项目的比重，分析各项目在企业经营中的重要性。一般项目比重越大，说明其重要程度越高，对总体的影响越大。

（3）将分析期各项目的比重与前期同项目比重对比，研究各项目的比重变动情况。也可将本企业报告期各项目与同类企业的可比项目比重进行对比，研究本企业与同类企业的不同，以及成绩和存在的问题。

3. 趋势分析法

趋势分析法是根据企业连续几年或几个时期的分析资料，运用指数或完成率的计算，确定分析期内各有关项目的变动情况和趋势的一种财务分析方法。趋势分析法既可用于对会计报表的整体分析，即研究一定时期报表各项目的变动趋势，也可对某些指标的发展趋势进行分析。趋势分析法的一般步骤如下：

（1）计算趋势比率或指数。通常指数分为两种：一是定基指数，二是环比指数。定基指数是以某一固定日期为基期来计算的。环比指数是以前一期为基期来计算的。

（2）根据指数计算结果，评价和判断企业各项指标的变动趋势及其合理性。

（3）预测未来的发展趋势。根据企业以前各期的变动情况，研究其变动趋势及规律，从而可预测企业未来的发展及变动情况。

（二）比率分析法

1. 比率分析法的定义

比率分析法是财务分析最基本、最重要的方法。比率分析法实质上是将影响财务状况的两个相关因素联系起来，通过计算比率，反映它们之间的关系，借以评价企业财务状况和经营状况的一种财务分析方法。

2. 比率分析指标

（1）按分析主体或目的划分的比率。

①从投资者角度看，主要比率有销售利润率、营业成本利润率、总资产报酬率、净资产利润率、资本收益率、资本保值增值率、股票价格和收益比率、每股股利、股价市场风险、股利支付率等。

②从债权者角度看，主要比率有流动比率、速动比率、资产负债率、负债对所有者权益比率、存货周转率、应付账款周转率、销售利润率。

③从政府管理者角度看，主要比率有社会贡献率、社会积累率、产品销售率。

④从经营者角度看，企业经营者关心企业各方面的生产经营情况和财务状况，上述各种比率都是经营者所关心的。

（2）按分析内容划分的比率。

按分析内容划分比率，是站在企业立场上或者说是站在企业经营者的立场上，根据不同的管理目的和要求划分比率，几种主要的划分方法如下：

①将比率划分为营业评价比率、流动性比率、外债风险评价比率、股本收益评价比率。

②将比率划分为流动性比率、盈利性比率、长期偿付能力比率、市场检验比率。

③将比率划分为收益性比率、流动性比率、安全性比率、成长性比率、生产性比率。

④将比率划分为盈利性比率、投资收益率、活动性比率、流动性比率、偿债能力比率。

（3）按财务报表划分的比率。

按财务报表划分的比率，主要包括资产负债表比率、利润表比率、现金流量表比率、资产负债表与利润表以及现金流量表结合比率等。

3. 标准比率

在比率分析中，企业往往将比率进行各种各样的比较，如时间序列比较、横向比较和依据一些绝对标准比较。不同的比较有着不同的评价目的和作用。标准比率是企业进行比率分析时最常用的比较标准。

标准比率的计算方法有以下三种：

（1）算术平均法：是指将若干相关企业同一比率指标相加，再除以企业数所得出的算术平均数。

（2）综合报表法：指把构成某一比率的两个绝对数相加，然后根据两个绝对数总额计算出的比率。

（3）中位数法：指先将相关企业的比率按高低顺序排列，然后划出最低和最高的各 25%，中间 50% 就为中位数比率，亦可将中位数再分为上中位数 25% 和下中位数 25%，最后依据企业比率的位置进行评价。

4. 比率分析法的局限性

虽然比率分析法被认为是财务分析最基本、最重要的方法，但应用比率分析法时必须了解它的不足：第一，比率的变动可能仅仅被解释为两个相关因素之间的变动；第二，很难综合反映比率与计算它的会计报表的联系；第三，比率给人们不保险的最终印象；第四，比率不能综合反映与会计报表的直接关系。

（三）因素分析法

因素分析法是依据分析指标与其影响因素之间的关系，按照一定的程序和方法，确定各因素对分析指标差异影响程度的一种技术方法。因素分析法根据其分析特点可分为连环替代法和差额计算法两种。确定的各因素对指标的影响程度，一般用比率表示。

1. 连环替代法

连环替代法的程序由以下几个步骤组成：

（1）确定分析指标与其影响因素之间的关系：列出分析指标和影响因素之间的关系式，该关系式既说明哪些因素影响分析指标，又说明这些因素和分析指标之间的关系和顺序。一般以比率的形式给出。

（2）根据分析指标的报告期数值与基期数值列出两个关系式或指标体系，确定分析对象（差异）。

（3）连环顺序替代，计算替代结果。所谓连环顺序替代，就是以基期指标体系为计算基础，用实际指标体系中的每一个因素的实际数顺序地替代其相应的基期数，每次替代一个因素，替代后的因素被保留下来。计算替代结果，就是在每次替代后，按关系式计算其结果。有几个因素就替代几次，并相应确定计算结果。

（4）比较各因素的替代结果，确定各因素对分析指标的影响程度。比较替代结果是连环进行的，即将每次替代所计算的结果与这一因素被替代前的结果进行对比，二者的差额就是替代因素对分析对象的影响程度。

（5）检验分析结果。检验分析结果是将各因素对分析指标的影响额相加，其代数和应等于分析对象。如果二者相等，说明分析结果可能是正确的；如果二者不相等，则说明分析结果一定是错误的。

【例 3-1】科华公司生产的 A 产品有关材料消耗的计划和实际资料，如表 3-1 所示。

表 3-1 材料消耗计划和实际资料表

项目	单位	计划	实际
产品产量	件	1000	1100
单位产品材料消耗量	千克	20	18
材料单价	元	4	5
材料费用总额	元	80000	99000

根据表 3-1 可知，材料费用总额实际值比计划值增加 19000 元（99000-80000），这是分析对象。

下面分析各因素变动对材料费用总额的影响程度。

计划指标：1000×20×4=80000（元）①

第一次替代：1100×20×4=88000（元）②

第二次替代：1100×18×4=79200（元）③

第三次替代：1100×18×5=99000（元）④

产量增加对材料费用的影响：

②－①=88000–80000=8000（元）

材料消耗减少对材料费用总额的影响：

③－②=79200–88000=–8800（元）

单价提高对材料费用总额的影响：

④－③=99000–79200=19800（元）

全部因素对材料费用总额的影响：

8000–8800+19800=19000（元）

从上例可知，连环替代法可全面分析各因素对某一经济指标的综合影响，又可以单独分析某个因素对某一经济指标的影响，这是其他分析方法所不具备的。

2. 差额计算法

差额计算法是连环替代法的一种简化形式，其因素分析的原理与连环替代法是相同的，区别只在于分析程序上。差额计算法将连环替代法的第三步骤和第四步骤合并为一个步骤进行，即直接利用各影响因素的实际数与基期数的差额，在假定其他因素不变的条件下，计算各因素对分析指标的影响程度。

这个步骤的基本点是：确定各因素实际数与基期数之间的差额，并在此基础上乘以排列在该因素前面各因素的实际数和排列在该因素后面各因素的基期数，所得出的结果就是该因素对分析指标的影响数。

（四）图解分析法

图解分析法亦称图解法，是企业在财务分析中经常应用的方法之一。严格地说，图解分析法并不是一种独立的财务分析方法，而是上述财务分析方法的直观表达形式。图解分析法的作用在于形象、直观地反映财务活动过程和结果，将复杂的经济活动及其效果以通俗、易懂的形式表现出来。目前，随着计算机及网络技术的普及与发展，图解分析法的应用基础、应用范围和种类得到了空前的发展。其主要分为对比分析图解法、结构分析图解法、趋势分析图解法、相关分析图解法、因素分析图解法及综合分析图解法等。

第三节 基于战略视角的财务分析体系构建

一、基于战略视角的财务分析体系理论基础

随着战略管理理论和财务分析理论的不断完善，无论是在理论上还是在应用上，二者都开始被交叉研究，企业战略管理与财务分析相结合的研究逐渐成为国内外学者研究的新方向。通过对近几年的文献研究整理，我们发现，这类研究主要有三个研究方向，见表 3-2。

表 3-2 战略视角下的财务分析体系研究动态

研究内容	研究动态
战略分析、财务分析	将战略分析与财务分析并列研究
财务分析、战略管理	基于财务分析修正企业战略
战略、财务分析、财务分析体系	基于战略视角进行财务分析研究

（一）战略分析与财务分析并列研究

该研究通过扩展财务分析的内容和范围来拓展财务分析体系的框架，比如在财务分析之前先进行战略分析，分析一下企业所处的行业环境和面临的竞争对手等，从而使财务分析更具宏观性。哈佛分析框架就是最具代表性的分析思路。

吴娜（2015）运用哈佛分析框架对 T 公司进行了系统分析，在财务分析之前，先通过对 T 公司所处的行业环境和战略目标的分析评价，鉴别 T 公司财务数据的真实性和可靠性，为 T 公司财务分析打下了坚实基础。在财务分

析之后，吴娜（2015）对企业的发展前景进行了预测，该研究是对哈佛分析框架应用的一次有益尝试。

吕潇华（2015）以哈佛分析框架为基础，将理论付诸实践，构建了基于企业发展战略的财务分析体系，并将该体系应用到宁波A公司，通过财务分析解读A公司的战略实施情况，找出该公司近几年发展困难的根本原因，并提出了改进发展战略的举措。

魏明良、王雪、黎精明（2016）利用哈佛分析框架，以王府井百货2011—2014年年报为基础，对王府井百货财务数据进行透视与剖析，希望能为该公司利益相关者的决策提供支持。同时，他们还提出财务分析应该重点突出、结构清楚，前景分析不仅仅是展望，更要提出合理化的建议。

刘丽媛（2016）借鉴哈佛分析框架，以北京同仁堂科技发展股份有限公司为例，从战略分析、财务分析、前景分析三个方面，对其财务报表进行分析，希望可以为信息使用者提供更全面的财务信息，更好地评价该企业当前的财务状况。

该研究方向在引入企业战略的基础上，对原有财务分析内容进行了扩展，使财务分析的范围更广，内容更丰富。同时，该研究也存在很大缺陷：哈佛分析框架中战略分析和财务分析是各自为政、不相关联的，战略分析的结果对财务分析来讲没有影响，财务分析也对战略分析不起作用，这就使得两项分析的结果仅仅是在形式上得到了扩展，实质上只是两类信息的简单拼接，而没有有效融合战略分析、战略管理和财务分析。

（二）基于财务分析修正企业战略

基于财务分析修正企业战略的研究思路是先进行财务分析，通过财务分析找出企业战略管理中存在的问题，从而修正或重新制定企业的战略，也就是基于财务分析进行战略管理研究。

于晶（2015）结合了战略管理与财务分析相关理论，指出基于战略目标导向的财务分析优势。其研究以A冷冻设备公司为研究对象，通过财务分析明确了企业的战略定位和战略选择。

张莺（2015）指出了财务分析在企业战略管理中的作用和应用效果，并以此对中国移动的企业战略和财务状况进行了分析，总结了该企业战略和财务分析的不足，进而对企业的三个层面的战略分别进行了重塑。

王金龙（2015）认为财务分析具有战略管理职能，企业明确了财务分析的决策目标，才能使其为企业经营战略管理服务，才能为信息使用者提供战略决策依据。

马广奇、陈俊君（2016）基于中兴 2010—2012 年的财务报表数据，得出以下结论：中兴战略调整基本成功，全球化战略方向正确，但须培养企业核心竞争力，找准企业持久盈利增长点。

樊家君（2017）以荣盛房地产发展股份有限公司财务报告为基础，将其与万科集团进行对比研究，揭示了盈利能力分析和偿债能力分析对衡量上市公司经营业绩并对预测其发展势头所起的重要作用。

上述研究方向侧重于将财务分析与战略管理中的战略决策和战略选择相融合，使财务分析能够为战略分析提供数据支持，从而使财务分析具有了战略管理的职能，成了战略管理的重要工具，财务分析成为进一步服务于企业战略管理的财务分析。

（三）基于战略视角进行财务分析研究

从企业战略视角出发研究财务分析体系的思路是将战略作为企业财务分析的基础和先导，然后进行财务分析，其目的有两个：一是评价企业战略实施的效果，二是通过构建财务分析体系来保证有效执行企业既定战略。

闻新燕（2008）通过分析我国现行财务报表和传统财务分析的局限性，提出了建立基于企业发展战略的财务报表分析新体系的构想。

邓燕、陈亦璇（2011）基于战略视角提出财务分析在内容上要引入外部环境分析和现金流分析；分析方法上要引入 SWOT 分析和非财务指标分析；构建财务分析框架要基于战略视角，至少应包括企业内外部环境分析、企业经营绩效分析；构建了基于战略视角的财务分析指标体系。

赵振钦（2015）基于集团战略执行和战略目标实现构建了战略管控型模式的财务分析体系，该体系包括战略分析、财务分析和前景分析三方面内容，并重点关注集团可持续发展能力的提高。

赵明媛（2016）认为应从战略的关键驱动要素出发，引入战略项目并分解细化战略子项目，围绕战略子项目挖掘、提取财务收入成本指标，从而形成基于战略视角的财务分析指标。

罗卉杨（2016）指出，为了达成企业战略目标，企业在选取和设置业绩评价指标时，应充分地关联战略目标、战略内容和方向，这样业绩评价指标才能在战略控制中起到指挥棒的作用。

上述研究方向使财务分析与战略管理中的战略评价和战略实施相融合，而且该研究思路的核心在于选取与设置财务分析指标，根据企业战略选取、设置并构建能够全面、充分反映企业战略的财务分析指标体系，这样才能使财务分析起到战略评价和战略控制的作用，从而使财务分析成为真正意义上的战略视角下的财务分析。

二、基于战略视角的财务分析的特征与优势

（一）基于战略视角的财务分析的特征

基于战略视角的财务分析与传统财务分析相比具有以下主要特征：

1. 分析的范围更广、内容更全面

基于战略视角的财务分析对象不仅有财务信息，还有非财务信息；分析的依据不仅是企业财务报表等企业的内部环境信息，还有行业分析等企业外部的环境信息；分析的方法不仅有定量分析，还有定性分析。

2. 分析的结果更有针对性

基于战略视角的财务分析一定是针对企业的某一具体战略进行的分析，分析的结果一定是为企业战略决策、执行或评价服务的。如销售毛利率指标，如果对战略的选择或者评价有用，就去计算、比较，如果这一指标对其无用，则不必去计算、比较。

3. 分析更具有动态性

分析的动态性主要体现在两个方面。

（1）时间上的动态性。

基于战略视角的财务分析以战略为基础和先导，由于企业在不同的发展阶段会采用不同的战略，因此企业战略在时间上呈现阶段性。由于企业各个阶段战略选择的不同，战略视角下的财务分析的分析内容、分析方法也会发生变化。

（2）空间上的动态性。

基于战略视角的财务分析是为企业战略管理服务的，企业不同，根据自身不同的情况选择的战略也不同，因而财务分析的目标、作用和方法也不相同。因此，企业应根据各自的不同情况，结合其战略选择，制定适合的财务分析内容和方法。战略视角下的财务分析体系在内容、目标、作用和方法上都是动态的，大家可根据不同企业或同一企业的不同阶段的战略进行调整。

（二）基于战略视角的财务分析的优势

根据基于战略视角的财务分析特征可以看出：基于战略视角的财务分析立足于企业内外部环境的变化，以战略管理为指导，统筹企业的生产经营活动。与传统的财务分析相比，基于战略视角的财务分析具有以下优势：

1. 基于战略视角的财务分析更具有决策意义

制定企业战略是企业管理者进行决策的一个过程，财务分析与战略结合之后，基于战略视角的财务分析成为企业战略管理的一个重要环节，企业可通过分析与企业战略目标相吻合、相关联的财务分析指标，来评价企业战略目标的实现程度和战略实施的执行效果，并由此对具体战略目标是否需要调整做出判断，为战略目标如何执行提供对策，因而通过战略的引入可使财务分析更具决策意义。

2. 基于战略视角的财务分析具有战略控制作用

传统财务分析的主要作用是对企业过去的财务活动和财务表现进行事后评价，而基于战略视角的财务分析是以战略为指引进行财务分析，评价的是与战略目标密切相关的指标，衡量的是企业战略执行效果，因而基于战略视角的财务分析具有了战略控制作用。

3. 基于战略视角的财务分析引发了企业的协同效应

基于战略视角的财务分析不再局限于企业的财务部门，涉及战略目标的相关部门都要参与其中，同一战略目标可能需要不同部门的财务分析结果，同一部门也可能涉及多个战略目标的财务分析，基于战略视角的财务分析使企业各部门之间的沟通交流更加频繁和密切，从而使企业各个部门之间的沟通协调进一步增强，引发了企业的协同效应。

4. 基于战略视角的财务分析增强了企业财务系统对外部环境的适应性

基于战略视角的财务分析引入了企业战略，而企业战略是企业根据对内外部环境的综合分析制定的，因而基于战略视角的财务分析在分析内容上就不仅是分析财务方面的指标，非财务指标也需要被引入。基于战略视角的财务分析通过引入非财务指标，使财务分析不仅反馈企业内部环境状况，还能及时反馈企业所面临的市场环境情况，促使企业尽快提出应对策略，从而增强了企业财务系统对外部环境的适应性。

三、基于战略视角的财务分析体系构建原则

（一）系统优化原则

为达到系统优化的目的，在构建企业基于战略视角的财务分析体系时，设计评价指标体系应采用系统方法。如系统分解和层次分析法，将总指标（总目标）分解成为次级指标，由次级指标再分解成第三级指标，并组成树状结构的指标体系，使体系的各个要素（单个指标）及其结构（横向结构、层次结构）能满足系统优化要求，如图 3-1 所示。

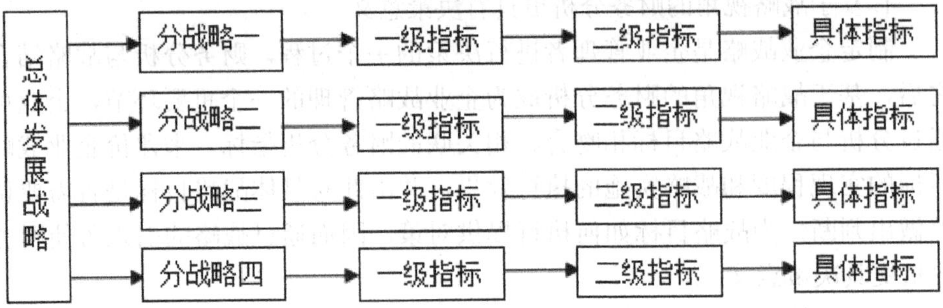

图 3-1 系统优化构建原则示意图

（二）战略导向性原则

作为企业基于战略视角的财务分析体系的核心，财务分析指标的设置至关重要。只有设置与企业战略目标密切相关的财务分析指标，才能使构建的新体系成为真正意义上的基于战略视角的财务分析体系。因此，设置的指标应该与企业战略目标密切相关，企业应根据分解的战略目标设置具有代表性和相关性的财务分析指标。

（三）动态性原则

一方面，依据战略目标设置的财务分析指标体系不是一成不变的，而是随着企业战略目标的调整而变化的，旧的战略目标实现，新的战略目标出现，都会使企业的战略布局发生变化，那么企业就需要及时更新和调整财务分析指标，剔除不再能反映战略目标的指标，纳入代表新战略目标的财务分析指标；另一方面，各指标的权重也是动态的，企业处于不同的发展阶段，不同职能战略的重要程度会发生变化，那么相应的权重分配也会随之变化，权重分配始终要将企业战略布局中最重要、最迫切的方面作为分配重点。

（四）实用性原则

首先，涉及的企业各个部门要真正理解基于战略视角的财务分析的程序和方法，要制定具体可行的操作流程和方法，各项指标及其相应的计算方法要标准化和规范化；其次，指标体系的构建要遵循实用性原则，即在保证评价结果全面、客观的情况下，指标体系尽量符合企业的实际情况，评价指标所需的数据在企业内要能够容易取得。

（五）财务指标和非财务指标相结合原则

企业的战略目标涉及面广，既有财务方面的战略，又有研发、环保等非财务方面的战略。单纯依靠财务指标无法全面反映各层面的战略目标，为此需要引入非财务指标，将财务指标和非财务指标相结合，可使构建的财务分析指标体系更好地与整体战略目标对接。

四、基于战略视角的财务分析体系构建

（一）基于战略实施状况的财务分析

1. 从资产负债表看战略实施

主要是从改造资产负债表方面入手，结合资产负债表分析的目的和内容，进行资产负债表的总体分析和主要项目分析，进而分析企业战略实施的效果。

2. 从利润表看战略实施

从改造利润表方面入手，结合利润表分析的目的和内容，进行利润表的综合分析，主要包括水平分析和垂直分析，在此基础上进行利润表结构分析和主要项目分析，最后分析利润分配，进而分析企业战略实施的效果。

3. 从现金流量表看战略实施

结合现金流量表分析的目的和内容，进行现金流量表的分析，以及现金流量与净利润的综合分析，最终分析企业战略实施的效果。

4. 从所有者权益变动表看战略实施

从所有者权益分析的目的和内容入手，进行所有者权益变动表的一般分析和财务比率分析，进而分析鼓励决策对所有者权益变动的影响，最终分析企业战略实施的效果。

（二）基于战略实施效果的财务分析

1. 基于战略实施效果的营运能力分析

从战略实施的效果出发，结合企业营运能力分析的目的与内容，进行企业总资产营运能力分析、流动资产周转速度分析、固定资产营运能力分析以及企业的综合分析。

2. 基于战略实施效果的盈利能力分析

从战略实施的效果出发，结合企业盈利能力分析的目的与内容，进行资本经营与资产经营盈利能力分析、商品经营盈利能力分析、上市公司盈利能力分析、盈利质量分析以及企业的综合分析。

3. 基于战略实施效果的偿债能力分析

从战略实施的效果出发，结合企业偿债能力分析的目的与内容，进行企业短期偿债能力分析和企业长期偿债能力分析。

4. 基于战略实施效果的发展能力分析

从战略实施的效果出发，结合企业发展能力分析的目的与内容，进行企业单项发展能力分析、企业发展条件分析、企业整体发展能力分析、上市公司特有的发展能力分析以及企业的综合分析。

第二部分　战略实施状况的财务分析

第四章 从资产负债表看战略实施

[引例] 白送的企业我不要

A外国投资者在我国B市找到了C企业。双方商定，由A和C共同出资5000万元，引进全套生产线，兴建一家合资企业（中方出资1500万元，外方出资3500万元），产品将被冠以某外国品牌，全部用于出口。同时，C企业为了表示对此项合作的诚意，决定将自己现有的已经拥有十余年历史的生产类似产品（全部用于国内销售）的D企业，无偿赠送给未来的合资企业。

A企业的财务顾问在得知有关情况后认为，必须对D企业的财务状况进行审查。D企业的财务报表显示：资产总额1亿元，其中，应收账款4000万元，估计回收率为50%；负债为1.3亿元，所有者权益为–0.3亿元。

对此，A企业的财务顾问认为，D企业已经处于资不抵债状态，如果再考虑到应收账款50%的回收所带来的坏账损失2000万元，D企业的净资产已经达到–0.5亿元（–5000万元）。这就是说，如果接受D企业，即使C企业对合资企业再入资1500万元，其对合资企业的贡献也只是0。因此，A企业不应接受这种“赠送”。

第一节 改造资产负债表

改造资产负债表是根据基于战略的财务分析的需要，将按照《企业会计准则》编制的资产负债表调整为符合财务管理要求的资产负债表。由于改造资产负债表需要对企业有充分的了解，因此只有内部分析者（如经营者）可以完成这方面的工作。

一、改造资产负债表的资产

（一）剔除虚拟资产

有些资产能够给企业带来未来经济利益，而有些资产不能给企业带来经济利益，因此企业在改造时应该剔除不能带来经济利益的资产，同时冲减虚增的所有者权益。

（二）考虑重要资产的增值

根据谨慎性原则的要求，企业对资产可能产生的增值，主要包括以出让方式取得的土地使用权、无形资产的价值、价格上涨的各种实物资产，同时增加所有者权益。

（三）考虑账外资产

账外资产是指没有入账的资产，主要包括以下四部分：（1）投资者投入或非投资者捐赠的无法入账或尚未入账的资产。（2）企业自创的无法入账的无形资产企业自创的无法入账的无形资产，如“同仁堂”商标等，企业应考虑该类无形资产。（3）因其他原因形成的未入账或无法入账的资产。（4）“无价之宝”企业的“无价之宝”，如人力资源、研发能力、营销能力和优秀的企业文化等。

二、对改造后的资产重新分类

（一）先将资产分为自用和他用两类，再将其进一步分为流动资产和长期资产

偿债能力分析是财务分析的重要方面，偿债能力分析涉及对资产的分析，企业仅仅分析资产的变现能力，不能反映资产面临风险的大小，应该把对资产的控制能力分析作为重要的参考。因此，企业可对改造后的资产进行重新分类，先将资产分为自用和他用两类，再将其进一步分为流动资产和长期资产，如表 4-1 所示。

表 4-1　对资产的重新分类

<table>
<tr><td rowspan="10">自用资产</td><td rowspan="5">流动资产</td><td>货币资金</td></tr>
<tr><td>短期投资：随时可以变现，不受他人控制，属于自用资产</td></tr>
<tr><td>银行承兑的应收票据：收款有保障，不受他人控制，属于自用资产</td></tr>
<tr><td>存货</td></tr>
<tr><td>其他自用流动资产</td></tr>
<tr><td rowspan="5">长期资产</td><td>长期债权投资：国债等收款有绝对把握的债券投资</td></tr>
<tr><td>长期股权投资：控股情况下的股权投资</td></tr>
<tr><td>固定资产</td></tr>
<tr><td>无形资产</td></tr>
<tr><td>其他自用长期资产</td></tr>
<tr><td rowspan="8">他用资产</td><td rowspan="5">流动资产</td><td>企业承兑的应收票据</td></tr>
<tr><td>应收账款</td></tr>
<tr><td>其他应收款</td></tr>
<tr><td>预付账款</td></tr>
<tr><td>其他他用流动资产</td></tr>
<tr><td rowspan="3">长期资产</td><td>长期债权投资：公司债券等收款无绝对把握的债券投资及其他债券投资，如委托贷款</td></tr>
<tr><td>非控股长期股权投资</td></tr>
<tr><td>其他他用长期资产</td></tr>
</table>

（二）将流动资产分为定额流动资产和非定额流动资产

定额流动资产是指流动资产中各具体项目的基本占用额之和。所谓基本占用额，就是占用额相对稳定的部分。该部分流动资产是企业为维持一定规模的生产经营活动而对流动资产提出的最低要求，其对应的具体存在形态一般情况下只能在内部流转，不能减少，否则就会影响生产经营活动的规模，非常类似长期资产。

非定额流动资产是指流动资产扣除定额流动资产基本占用额之后的余额，其占用额不稳定，变动大，属于真正的流动资产。这部分流动资产已经超过了生产经营活动的最低要求，如果减少，并不会对生产经营活动产生绝对的影响，因此可以用于偿还债务。由此，可见真正体现企业偿债能力强弱的是非定额流动资产。

（三）将固定资产分为经营性固定资产和消费性固定资产

为了分析企业固定资产的投资方向是否合理以及投资结果，可以将固定资产分为经营性固定资产和消费性固定资产。在分析过程中，如果企业固定资产增加，且增加的是生产设备，说明企业将扩大生产经营的规模或投产新产品；如果增加的是计算机等办公设备，说明企业将加强管理或改变管理模式；如果增加的是以前不曾有过的豪华轿车等，则可能说明企业在这一段时间业务量大，资金实力雄厚，有富余的资金，也可能说明企业的高层管理者想要提升企业的形象，显示企业的经济实力，以便于筹资或提高社交层次，谋求企业的更大发展。

三、改造资产负债表的负债

（一）剔除虚拟负债

虚拟负债是指不需要偿还的债务，主要包括以下内容：

（1）因债权人的原因而无法支付的应付账款和其他应付款等债务；

（2）企业为了逃避纳税义务而虚列的债务，如故意不将预收账款结转收入、多计提的工资和福利费等；

（3）企业为了截留、隐瞒利润而虚列的债务，如企业在正常范围之外巧立名目计提的预提费用和预计负债等；

（4）企业有借口抵赖的债务，如超过诉讼时效的债务；债权人企业发生变更而未通知债务人企业；债权人企业领导层发生人事变更对以前的债务概不认账，同时调增所有者权益等。

（二）考虑账外负债

账外负债指未入账的债务，它主要两方面的内容组成：一是应计提而尚未计提的债务，如漏记的借款利息；二是由担保、承诺等行为引起的或有负债。

四、对改造后的负债重新分类

（一）首先将负债分为必须偿还的债务、可以拖延的债务和不一定偿还的债务三类；再按清偿时间长短将各类负债进一步分为流动负债和长期负债

1. 必须偿还的债务

必须偿还的债务指因设有抵押或担保、法律强制规定或其他原因必须及时清偿的债务。

2. 可以拖延的债务

可以拖延的债务是指对负债的清偿期限没有硬性规定，或清偿期限虽有规定但不要求严格执行，或虽要求严格按期清偿，但是如果不清偿，企业亦

不会因此承担重大责任或发生重大损失的债务。可以拖延的债务一般包括部分应付账款、部分与经营活动有关的其他应付款等。

3. 不一定偿还的债务

不一定偿还的债务是指虽然本质是负债，但清偿的时间和金额完全由企业根据需要或具体情况随时做出决定的债务，包括应付福利费、除短期借款利息以外的预提费用、与经营活动无关的其他应付款等。预收账款属于特殊性质的债务，其特殊性在于用产品清偿债务，债务的清偿不会消耗企业的现金资源，因而可以将其归于不一定偿还的债务之列。

（二）对应付账款和其他应付款重新分类

与前面流动资产的分类相同，应付账款、其他应付款同样可以划分为定额流动负债和非定额流动负债。定额流动负债是指流动负债各具体项目中负债额相对稳定部分之和。该部分流动负债所形成的资金来源一般情况下可供企业长期使用而无须绝对性偿还（即可能存在一借一贷的现象，但不会出现只还不借的情况，因而不会影响该部分负债的总额），所以被称为“视同自有资金”，如企业收取的包装物押金。非定额流动负债是指流动负债扣除定额流动负债部分后的余额。该部分流动负债形成的资金来源金额不稳定，变动大，只能供企业临时使用，是真正的流动性负债，企业的偿债压力实际上来源于此。

第二节 资产负债表分析的目的与内容

一、资产负债表分析的目的

资产负债表分析的目的，在于了解企业会计对企业财务状况的反映程度和所提供会计信息的质量；据此对企业资产和权益的变动情况以及企业财务状况做出恰当的评价，特别要指出企业在财务方面存在的问题。具体来说，资产负债表分析的目的如下：

（1）评价企业的会计政策。

（2）揭示资产负债表及相关项目的内涵。

（3）评价企业会计对企业经营状况的反映程度。

（4）修正资产负债表的数据。

（5）了解企业财务状况的变动情况及变动原因。

二、资产负债表分析的内容

（一）总体分析

总体分析主要是对整体资产负债表进行分析，包括水平分析和垂直分析两个部分。

（1）水平分析是动态分析，通过本期和基期数据的比较，分析资产、负债以及所有者权益的变动情况，揭示财务状况的变动趋势，并分析变动原因。

（2）垂直分析是静态分析，分析各项目占资产或权益总额的比重探索企业资产结构优化、资本结构优化及资产结构与资本结构优化的思路。

（二）主要项目分析

主要项目分析是在资产负债表全面分析的基础上，对资产负债表中资产、负债和所有者权益的主要项目进行深入分析，包括会计政策、会计估计等变动对相关项目影响的分析。

（三）趋势分析

资产负债表趋势分析，就是通过对较长时期企业总资产及主要资产项目、负债及主要负债项目、股东权益及主要股东权益项目变化趋势的分析，揭示筹资活动和投资活动的状况、规律及特征，推断企业发展的前景。

三、资产负债表再加工

（一）比较标准

虽然前面提到可以选择经验标准、历史标准、行业标准和预算标准，但是在会计报表分析阶段，无法采用经验标准、行业标准，因为无法找到经验的和行业的资产负债表，而企业一般不对外公布预算标准。因此只能选择历史标准，即把本期数据和历史数据进行对比。

（二）水平计算指标

水平计算指标主要有：某项目变动额、某项目变动率、变动对总资产的影响。

企业通常采用水平分析法，将资产负债表实际数与历史标准进行比较，计算以下三个指标：

$$某项目变动额=该项目期末余额-该项目期初余额$$

$$某项目变动率=\frac{该项目变动额}{该项目期初余额}\times 100\%$$

$$某项目变动对总资产的影响=\frac{该项目变动额}{基期总资产}\times 100\%$$

（三）垂直计算指标

垂直计算指标主要是变动百分比，其计算公式为：

$$变动百分比=期末结构-期初结构$$

1. 计算资产负债表各项目的比重

$$某项目的比重=\frac{该项目金额}{资产总额（或负债及股东权益总额）}\times 100\%$$

2. 计算各项目比重的差异

$$某项目比重的差异=该项目期末比重-该项目期初比重$$

【例 4-1】以 H 公司 2011 年 12 月 31 日的资产负债表（见表 4-2）为例，计算 H 公司相应的水平计算指标和垂直计算指标。

表 4-2 资产负债表

2011 年 12 月 31 日

编制单位：　　　　　　　　　　　　单位：元　　币种：人民币

资　产	行次	期末数	年初数	变动额	变动率（%）	变动对总资产的影响（%）	期末		
结构（%）	期初结构（%）	变动							
情况（%）									
流动资产：									
货币资金	1	12,888,270,252.98	10,445,409,811.13	2,442,860,441.85	23.39	7.68	32.44	32.82	-0.37
交易性金融资产	2								
应收票据	3	7,939,389,122.39	7,356,632,493.06	582,756,629.33	7.92	1.83	19.99	23.11	-3.13
应收账款	4	3,081,828,050.72	2,382,918,522.62	698,909,528.10	29.33	2.20	7.76	7.49	0.27
预付账款	5	1,075,227,290.22	613,240,403.75	461,986,886.47	75.34	1.45	2.71	1.93	0.78
应收利息	6	72,517,490.96	43,624,935.98	28,892,554.98	66.23	0.09	0.18	0.14	0.05
应收股利	7	3,274,215.51	8,016,262.27	-4,742,046.76	-59.16	-0.01	0.01	0.03	-0.02
其他应收款	8	256,469,777.45	167,387,333.57	89,082,443.88	53.22	0.28	0.65	0.53	0.12

续表

资产	行次	期末数	年初数	变动额	变动率（%）	变动对总资产的影响（%）	期末		
结构（%）	期初结构（%）	变动							
情况（%）									
流动资产：									
存货	9	5,969,111,117.43	4,087,837,068.57	1,881,274,048.86	46.02	5.91	15.03	12.84	2.18
一年内到期的非流动资产	10								
其他流动资产	11	47,911,863.07	13,799,585.58	34,112,277.49	247.20	0.11	0.12	0.04	0.08
流动资产合计	12	31,333,999,180.73	25,118,866,416.53	6,215,132,764.20	24.74	19.53	78.88	78.92	-0.04
非流动资产：	13								
可供出售金融资产	14	9,297,639.72	10,516,495.13	-1,218,855.41	-11.59	0.00	0.02	0.03	-0.01
持有至到期投资	15								
长期应收款	16								
长期股权投资	17	1,700,888,490.75	1,150,919,342.37	549,969,148.38	47.79	1.73	4.28	3.62	0.67
投资性房地产	18	64,949,188.37	30,748,564.86	34,200,623.51	111.23	0.11	0.16	0.10	0.07
固定资产	19	4,536,601,196.26	4,046,038,701.12	490,562,495.14	12.12	1.54	11.42	12.71	-1.29
在建工程	20	944,671,593.56	673,231,921.65	271,439,671.91	40.32	0.85	2.38	2.12	0.26
工程物资	21								
固定资产清理	22								
无形资产	23	532,311,421.95	380,805,858.02	151,505,563.93	39.79	0.48	1.34	1.20	0.14
长期待摊费用	24	11,640,106.64	3,408,138.68	8,231,967.96	241.54	0.03	0.03	0.01	0.02
递延所得税资产	25	589,125,265.53	414,233,285.68	174,891,979.85	42.22	0.55	1.48	1.30	0.18
其他非流动资产	26								
非流动资产合计	27	8,389,484,902.78	6,709,902,307.51	1,679,582,595.27	25.03	5.28	21.12	21.08	0.04
资产总计	28	39,723,484,083.51	31,828,768,724.04	7,894,715,359.47	24.80	24.80	100.00	100.00	0.00
流动负债：									
短期借款	29	1,143,766,000.00	896,136,338.00	247,629,662.00	27.63	0.78	2.88	2.82	0.06

续表

资 产	行次	期末数	年初数	变动额	变动率（%）	变动对总资产的影响（%）	期末		
结构（%）	期初结构（%）	变动							
情况（%）									
流动资产：									
应付票据	30	6,829,723,541.55	4,739,869,927.28	2,089,853,614.27	44.09	6.57	17.19	14.89	2.30
应付账款	31	10,090,494,599.78	6,974,672,801.82	3,115,821,797.96	44.67	9.79	25.40	21.91	3.49
应付职工薪酬	32	1,023,319,058.17	694,580,391.32	328,738,666.85	47.33	1.03	2.58	2.18	0.39
应交税费	33	667,630,951.28	831,054,864.88	-163,423,913.60	-19.66	-0.51	1.68	2.61	-0.93
应付利息	34	8,803,031.87	16,935,042.08	-8,132,010.21	-48.02	-0.03	0.02	0.05	-0.03
应付股利	35	576,509,357.63	670,050,964.23	-93,541,606.60	-13.96	-0.29	1.45	2.11	-0.65
其他应付款	36	3,357,266,556.60	3,409,827,442.64	-52,560,886.04	-1.54	-0.17	8.45	10.71	-2.26
一年内到期的长期负债	37	25,000,000.00		25,000,000.00		0.08	0.06	0.00	0.06
其他流动负债	38								
流动负债合计	39	25,932,658,465.33	20,225,866,245.75	5,706,792,219.58	28.22	17.93	65.28	63.55	1.74
非流动负债									
长期借款	40		115,000,000.00	-115,000,000.00	-100.00	-0.36	0.00	0.36	-0.36
应付债券	41	669,849,052.60		669,849,052.60		2.10	1.69	0.00	1.69
长期应付款	42								
专项应付款	43								
预计负债	44	1,492,322,768.63	1,011,188,840.23	481,133,928.40	47.58	1.51	3.76	3.18	0.58
递延所得税负债	45	9,483,629.36	10,097,068.29	-613,438.93	-6.08	0.00	0.02	0.03	-0.01
其他非流动负债	46	80,221,424.77	83,734,439.31	-3,513,014.54	-4.20	-0.01	0.20	0.26	-0.06
非流动负债合计	47	2,251,876,875.36	1,220,020,347.83	1,031,856,527.53	84.58	3.24	5.67	3.83	1.84
负债合计	48	28,184,535,340.69	21,445,886,593.58	6,738,648,747.11	31.42	21.17	70.95	67.38	3.57
所有者权益（或股东权益）									
实收资本（或股本）	49	2,685,127,540.00	1,339,961,770.00	1,345,165,770.00	100.39	4.23	6.76	4.21	2.55
资本公积	50	271,275,201.97	2,446,599,946.79	-2,175,324,744.82	-88.91	-6.83	0.68	7.69	-7.00

续表

资 产	行次	期末数	年初数	变动额	变动率（%）	变动对总资产的影响（%）	期末		
结构（%）	期初结构（%）	变动							
情况（%）									
流动资产：									
盈余公积	51	1,667,412,210.58	1,461,577,982.87	205,834,227.71	14.08	0.65	4.20	4.59	-0.39
未分配利润	52	3,695,505,793.52	2,616,475,211.50	1,079,030,582.02	41.24	3.39	9.30	8.22	1.08
外币报表折算差额	53	18,368,162.90	8,465,630.78	9,902,532.12	116.97	0.03	0.05	0.03	0.02
归属于母公司所有者权益合计	54	8,337,688,908.97	7,873,080,541.94	464,608,367.03	5.90	1.46	20.99	24.74	-3.75
少数股东权益	55	3,201,259,833.85	2,509,801,588.52	691,458,245.33	27.55	2.17	8.06	7.89	0.17
所有者权益合计	56	11,538,948,742.82	10,382,882,130.46	1,156,066,612.36	11.13	3.63	29.05	32.62	-3.57
负债和股东权益总计	57	39,723,484,083.51	31,828,768,724.04	7,894,715,359.47	24.80	24.80	100.00	100.00	0.00

法定代表人：　　主管会计工作负责人：　　会计机构负责人：

第三节　资产负债表总体分析

资产负债表的总体分析是利用改造后的资产负债表进行的。资产负债表的总体分析从两个角度进行：一是对各个年度的资产负债表进行分析，二是对各年度的比较资产负债表进行分析。

一、总资产规模的变动分析

分析总资产的变动情况以及各类、各项资产的变动情况，揭示资产变动的主要方面，从总体上了解企业经过一定时期经营后资产的变动情况。仍以表 4-2 为例，H 公司 2011 年 12 月 31 日资产总额为 39,723,484,083.51 元，2010 年 12 月 31 日为 31,828,768,724.04 元，增长 7,894,715,359.47 元，增长幅度为 24.8%，说明该公司资产增长速度较快。

二、总资产规模变动的原因分析

资产变动的原因主要分为四种类型：负债变动型、追加投资变动型、经营变动型和股利分配变动型。

（一）负债变动型

负债变动型的资产变动，主要标志是在其他权益项目不变时，资产总额发生的变动是由负债变动引起的。负债变动型的优点是企业能够利用财务杠杆的作用使筹资能力有所提高，也就是债权人愿意把钱借给企业；筹资规模较大，且有一定持续性。另外，企业负债可以分为必须偿还的、可以拖延的、不一定偿还的债务，如果企业筹集的是可以拖延的和不一定偿还的债务，并且不需要支付利息，如应付账款，那么优势会更加明显。负债变动型的缺点是增加企业偿债风险，增加企业的用资成本。

（二）追加投资变动型

其主要标志是在其他权益项目不变时，由于投资人追加投资或收回投资引起资产总额发生变动。

追加投资变动型的优点如下：实收资本是股东对企业的直接投资，受法律约束，供企业永久使用，无须偿还，这种筹资方式不会给企业带来偿债风险。

（三）经营变动型

其主要标志是在其他权益项目不变时，企业资产总额变动是由经营原因引起的。例如，企业本期盈利，进行各种提取或保留未分配利润而使资产增加，或因经营亏损而使未分配利润减少造成资产总额减少。

经营变动型的评价如下：企业如果经营较好，能够获得足够的利润支持企业的发展，当然很好；但是由于企业所处的阶段不同，在初创期和成长期，由于企业发展需要大量的资金投入，而企业盈利并不好，所以内部盈余筹资只适合成熟期的企业，另外，企业筹资规模也比较小。

（四）股利分配变动型

其主要标志是在其他权益项目不变时，由于股利分配原因引起资产发生变动。

综上所述，实务上很难有一个企业资产负债表的变动与上述几种典型情况之一相一致，但任何一个企业资产负债表的变动都可以通过以上几种类型的组合来说明。

根据表 4-2 可知，H 公司的负债总额 2011 年 12 月 31 日比 2010 年 12 月

31 日增加 6,738,648,747.11 元，引起资产变动 21.17%，H 公司所有者权益总额 2011 年 12 月 31 日比 2010 年 12 月 31 日增加 1,156,066,612.36 元，引起资产变动 3.63%。因此，负债变动是公司资产变动的主要原因，资产变动类型为负债变动型。这种筹资结果表明，虽然负债筹资可以起到财务杠杆的作用，但考虑到该公司资产负债率已经较高，因此负债的进一步增加会加大企业的偿债风险，从而增加企业的用资成本。

三、对资产变动合理性和效率性的分析评价

对总资产变动情况进行分析，不仅要考察其增减变动幅度，还要对其变动的合理性与效率性进行分析，企业经营者在进行分析时，更要注意这一点。要注意，资产增加不等于优，资产减少不等于劣，企业应寻求内涵发展，而不是靠单纯扩大规模来发展。在分析资产变动的合理性和效率性时，应将资产变动与产值变动、销售收入等经营成果指标和现金流量指标变动结合起来，看看它们的变动是否协调，资产的利用效率如何。

（1）增产增收的同时增资，但增资幅度小，表明企业资产利用效率提高，形成资金相对节约。

（2）增产增收的同时不增资，表明资产利用效率提高，形成资金相对节约。

（3）增产增收的同时资产减少，表明资产利用效率提高，形成资金绝对节约和相对节约。

（4）产值、收入持平，资产减少，表明企业资产利用效率提高，形成资金绝对节约。

（5）增产增收的同时资产增加，且资产增加幅度大于增产增收的幅度，表明企业资产利用效率下降，资产增加不合理。

（6）资产减少的同时，资产不减或资产减少比率低于减产减收比率，表明资产利用效率下降，资产结构调整不合理。

（7）减产减收的同时，资产增加，必然造成资产大量闲置，生产能力利用不足，资产利用效率大幅度下降。

四、对资产、负债和股东权益结构的分析评价

（一）对资产结构的分析评价

1. 流动资产和非流动资产的比例关系

企业非流动资产与流动资产之间只有保持合理的比例结构，才能形成现

实的生产能力，否则有可能造成部分生产能力闲置或加工能力不足。根据表4-2可知，H公司2011年12月31日流动资产所占比重为78.88%，非流动资产所占比重为21.12%，2010年12月31日流动资产所占比重为78.92%，非流动资产所占比重为21.08%。可见公司资产流动性较强，且结构保持稳定。

2. 经营资产与非经营资产的比例关系

经营资产增加，表明企业经营能力增强；非经营资产的风险和不确定性较大，非经营资产的增加，会增加企业的经营风险。

3. 流动资产的内部结构

流动资产的内部结构是指组成流动资产的各个项目占流动资产的比重。分析流动资产结构，可以了解流动资产的分布情况、配置情况、资产的流动性及支付能力。

4. 非流动资产的内部结构

非流动资产的内部结构是指组成非流动资产的各个项目占非流动资产的比重。非流动资产所含项目中，固定资产又分为经营型和消费型固定资产，企业可进一步分析经营型和消费型固定资产所占的比重和比例关系。

（二）对负债结构的分析评价

1. 按负债项目进行的结构分析

即以全部负债为总体，分别计算各负债项目占全部负债的比重。

$$\text{某负债项目的比重}=\frac{\text{该负债项目金额}}{\text{全部负债}}\times 100\%$$

2. 按负债期限进行的结构分析

首先将各负债项目按其偿还期限分为流动负债和长期负债两类，然后分别计算其比重，再进行比较分析。负债还可分为急需偿还、可偿可不偿、无须偿还等几种类型，负债期限结构更能说明企业的负债筹资政策。

3. 按负债方式进行的结构分析

首先将各负债项目按其取得方式加以分类，可以分为银行信用、应付债券、商业信用、应交款项、内部结算款项、外部结算款项、应付股利和其他负债；然后分别计算其比重，再进行比较分析。

4. 按负债成本结构分析

首先将各负债项目按其资金成本加以分类，分为无成本负债、低成本负债和高成本负债。各种负债由于来源渠道和取得方式不同，成本也有较大差异。有些负债，如应付账款等基本属于无成本负债；有些负债，如短期借款，则属于低成本负债；长期借款、应付债券等则属于高成本负债。然后分别计算其比重，再进行比较分析。

（三）对股东权益结构的分析评价

1. 分析股东权益结构的影响因素

股东权益资金在企业生产经营期间不需返还，是可供企业长期使用的永久性资金，而且没有固定的利息负担。权益资金越多，财务风险越小。分析股东权益结构时主要考虑以下影响因素：

（1）股东权益总量。股东权益结构的变化，可能是股东权益总量的变化引起的，也可能是股东权益内部各项目本身变动引起的。而股东权益总量的变动，往往会引起股东权益结构的变动。

（2）企业利润分配政策。

（3）企业控制权。如果投资人不想企业的控制权分散，就会在企业需要资金时，采取负债筹资方式。

（4）权益资金成本。股东权益结构影响股东权益资金成本的一个基本前提是，股东权益各项目的资金成本不同。基于此类资金的这一特点，在股东权益中，这类资金的比重越大，股东权益的资金成本就越低。

（5）经济环境。企业筹资方式和筹资渠道的选择，不仅取决于企业的主观意愿，而且受外界经济环境影响。

2. 股东权益结构分析评价

首先，计算股东权益中投入资本和留存收益各自的比重，指出影响股东权益结构的主要方面；其次，分析其变动原因，进而提出相应的建议。

五、资产与权益对称结构分析

（一）总资产与总负债的配比分析

总资产与总负债的配比分析主要有三种情况：第一种，总资产 > 总负债；第二种，总资产 ≈ 总负债；第三种，总资产 < 总负债。主要通过资产负债率来进行配比分析。

1. 第一种情况：总资产 > 总负债

资产负债率标准随着人们的认识，在不同的地域、不同的行业有不同的表现。目前通过分析上市公司的数据，资产负债率在 60% 左右，人们往往以此为评价企业资产负债率的标准。

（1）若企业资产负债率远小于此值，说明资产负债率偏低，债务筹资不足。原因可能有三：一是筹资观念落后，如不愿支付债务利息，害怕承担偿债风险等；二是筹资行为能力低下，比如不善于和银行打交道；三是不具备债务筹资的条件，如没有合适的抵押品，也没有愿意提供担保的企业等。

（2）若企业资产负债率远大于此值，说明企业资产负债率偏高，偿债风险较高，企业如果不能很好地控制风险，或者企业资产变现受影响或现金流量出现波动，很可能会导致企业出现不能偿付债务的情况，破产风险较高，此时应该引起高层管理者的关注。但是由于企业资产负债率是静态指标，而且并不是企业所有的负债都需要在同一时刻偿还，因此资产负债率很高并一定会导致企业破产，应该结合非定额流动资产与必须偿还的流动负债做进一步的分析。

（3）若企业资产负债率接近于此值，说明企业资本结构合理，企业既能够利用负债筹资的杠杆收益，同时又能够控制负债筹资带来的破产风险，因此企业筹资管理水平较高。当然同“（2）”一样，要得出确切的结论也要做进一步分析。

2. 第二种情况：总资产≈总负债

造成这种状况的原因可能有以下两种：

（1）企业因亏损而将权益资金全部销蚀，企业的全部资产仅能勉强清偿全部债务（假定不考虑清偿债务过程的资产变现损失）。在这种情况下，企业的偿债压力很大，无安全性可言。

（2）企业主要依靠债务筹资，导致权益资金严重不足，权益资金在全部资金来源中所占的比重很小。在这种情况下，企业的偿债压力很大，亦无安全性可言，因为在权益资金很少的情况下，经不起任何亏损的侵蚀。

3. 第三种情况：总资产＜总负债

造成这种状况的原因有以下两种：

（1）企业亏损，不仅将权益资金全部腐蚀掉，而且还销蚀掉部分负债，使企业陷入资产不能抵债的境地，即企业现有资产已不能偿付全部债务。由于在这种情况下，企业的债权人已经坐立不安，催讨债务成了他们的当务之急，所以企业面临的偿债压力可想而知。企业如果不能妥善解决债务问题，将面临破产清算，可谓岌岌可危了。

（2）股东不仅以抽逃注册资本的方式撤走了全部权益资金，而且通过转移资金等方式侵吞了部分甚至是大部分其他由债务资金形成的资产，导致企业陷入资不抵债的境地。此时的企业往往希望通过破产清算逃避偿债义务，彻底实现其侵吞资产的目的，因而也就无所谓偿债压力和企业的安全性了。

仍以表 4-2 为例，从 H 公司来看，2011 年期负债所占权益的比重为 70.95%，比 2010 年 12 月 31 日的 67.38%，上升 3.57%，处于高位运行，企业偿债风险进一步增加，企业要采取相应措施加以应对。

（二）流动资产与流动负债的配比分析

企业的资产结构受制于企业的行业性质，不同的行业性质，其资金融通方式也有差别。因此，尽管总资产与总资本在总额上一定相等，但由不同投资方式产生的资产结构与不同的筹资方式产生的资本结构却不完全相同。虽然资产结构与资本结构的适应形式结构千差万别，但归纳起来可以分为保守结构、稳健结构、平衡结构和风险结构四种类型。主要通过流动比率来进行配比分析。

1. 保守结构

在保守结构形式中，无论资产负债表左方的资产结构如何，资产负债表右方的资金全部来源于长期资金，非流动负债与所有者权益的比例高低不影响这种结构形式。其形式见表 4-3。

表 4–3 保守结构

资　产		权　益
流动资产	临时占用流动资产	非流动负债
	永久性占用流动资产	
非流动资产		所有者权益

从上表可以看出，保守结构的主要标志是企业全部资产的资金依靠长期资金来满足。这导致的结果是：

（1）企业风险极低。由于资金都来源于长期资金，因此到期不能偿付债务的风险很小。

（2）资金成本较高。由于长期债务的成本一般高于短期债务的成本，因此该结构的资金成本较高。

（3）筹资结构弹性弱。由于资金来源全部是长期资金，如果企业产生资金盈余，也不能用来偿付债务，导致筹资结构弹性弱。

2. 稳健结构

在稳健结构形式中，长期资产的资金需要依靠长期资金解决，短期资产的资金需要则使用长期资金和短期资金共同解决，长期资金和短期资金在满足短期资产的资金需要方面的比例不影响这一形式。稳健结构形式如表 4-4 所示。

表 4-4 稳健结构

<table>
<tr><th colspan="2">资 产</th><th>权 益</th></tr>
<tr><td rowspan="2">流动资产</td><td>临时占用流动资产</td><td>流动负债</td></tr>
<tr><td>永久性占用流动资产</td><td>非流动负债</td></tr>
<tr><td colspan="2">非流动资产</td><td>所有者权益</td></tr>
</table>

从上表可以看出，稳健结构的主要标志是用一部分长期资金满足流动资产的资金需要。其结果是：

（1）财务信誉优异。通过流动资产的变现足以满足偿还短期债务的需要，企业风险较小。

（2）负债成本相对较低，具有可调性。企业可以通过调整流动负债与非流动负债的比例，使负债成本达到企业目标标准，相对于保守结构形式而言，这一形式的负债成本相对较低，并具有可调性。

（3）资产结构和资本结构具有一定的弹性。特别是当临时性资产需要降低或消失时，企业可通过偿还短期债务或进行短期证券投资来调整，一旦临时性资产需要再产生时，又可以通过重新举借债务或出售短期证券来满足其需要。

3. 平衡结构

在平衡结构形式中，流动负债用于满足流动资产的资金需要，非流动负债及所有者权益用于满足长期资产的资金需要，长期负债与所有者权益之间的比例不是判断这一结构形式的标志。其形式如表 4-5 所示。

表 4-5 平衡结构

<table>
<tr><th colspan="2">资 产</th><th>权 益</th></tr>
<tr><td rowspan="2">流动资产</td><td>临时占用流动资产</td><td rowspan="2">流动负债</td></tr>
<tr><td>永久性占用流动资产</td></tr>
<tr><td colspan="2">非流动资产</td><td>非流动负债
所有者权益</td></tr>
</table>

平衡结构的主要标志是流动资产的资金需要全部依靠流动负债来满足。其结果是：

（1）同样高的资产风险和筹资风险被中和后，企业风险均衡。

（2）负债政策取决于资产结构。

（3）存在潜在的风险。这一形式以资金变现时间和数量与偿债时间和数量相一致为前提，一旦两者出现时间上的差异和数量上的差异，如营业收入未能按期取得现金等，有可能使企业陷入资金周转困难的地境。

4. 风险结构

在风险结构形式中，流动负债不仅用于满足流动资产的资金需要，而且还用于满足大部分长期资产的资金需要，这一结构形式不因流动负债在多大程度上满足长期资产的资金需要而改变。其形式如表 4-6 所示。

表 4–6 风险结构

资　产	权　益
流动资产	流动负债
非流动资产	非流动负债 所有者权益

风险结构的主要标志是以短期资金满足部分长期资产的资金需要。其结果是：

（1）财务风险较大。流动负债与长期资产在流动性上并不对称，如果通过长期资产的变现来偿还短期内到期的债务，必然给企业带来沉重的偿债压力，从而要求企业极大地提高资产的流动性。

（2）负债成本最低。

（3）存在“黑字破产”的潜在危险。由于企业时刻面临偿债的压力，一旦市场发生变动或意外事件发生，就可能引发企业资产经营风险，使企业因资金周转不灵而陷入财务困境，造成企业因不能偿还到期债务而“黑字破产”。

根据表 4-2 可知，H 公司 2011 年 12 月 31 日流动资产为 31,333,999,180.73 元，流动负债为 25,932,658,465.33 元，流动比率为 1.21；2010 年 12 月 31 日流动资产为 25,118,866,416.53 元，流动负债为 20,225,866,245.75 元，流动比率为 1.24。由此可见，公司属于稳健结构。从动态方面看，2011 年流动比率比 2010 年略有下降，但公司的稳健结构状态尚未改变。

（三）非定额流动资产与必须偿还的流动负债的配比分析

流动资产可以分为定额流动资产和非定额流动资产，流动负债可以分为必须偿还的负债、可以拖延的负债以及不一定偿还的负债，如表 4-7 所示。基于这样的分类，非定额流动资产和必须偿还的负债的配比分析最能反映企业的偿债能力，特别是短期偿债能力，可以通过修正的流动比率来进行判断和配比分析。非定额流动资产和必须偿还的流动负债的配比分析同样可以分为三种情况：

1. 第一种情况：非定额流动资产 > 必须偿还的流动负债

说明企业偿债安全性较好，但需要指出的是，非定额他用流动资产的风险较大，尽管我们在改造资产负债表时已经注意到这一点，剔除了所能考虑到的虚拟资产，但企业的非定额流动资产仍可能出现坏账或者不能收回的可能性等意外情况，这将影响企业的短期偿债能力。为此，企业须加强对非定额流动资产的管理。

2. 第二种情况：非定额流动资产 ≈ 必须偿还的流动负债

此时修正的流动比率等于 1，虽然从量的方面来看企业现有的非定额流动资产恰好能够清偿必须偿还的流动负债，但企业在收回非定额他用流动资产方面不能出现任何意外，否则会直接影响企业清偿必须偿还的流动负债的能力，除非企业能够随时补充非定额自用流动资产。

3. 第三种情况：非定额流动资产 < 必须偿还的流动负债

此时修正的流动比率小于 1，这表明企业可动用的非定额流动资产已不足以清偿必须偿还的流动负债，企业已不具备在 1 年之内清偿必须偿还的流动负债的能力，企业必须及时补充非定额自用流动资金，需要补充的非定额自用流动资金最低额度即为必须偿还的流动负债与现有非定额流动资产之间的平衡。

企业可以通过有效的资金管理弥补非定额流动资产的不足，因而在实际工作中，企业完全可以根据自己的资金管理水平来决定非定额流动资产与必须偿还的流动负债之间的关系，从而形成企业特有的非定额流动资产政策。

表 4–7 资产和权益的配比

<table>
<tr><td rowspan="2">非定额流动资产</td><td>必须偿还的流动负债</td></tr>
<tr><td rowspan="3">必须偿还的长期负债
可以拖延的负债
不一定偿还的负债</td></tr>
<tr><td>定额流动资产</td></tr>
<tr><td rowspan="2">长期资产</td></tr>
<tr><td>所有者权益</td></tr>
</table>

综上所述，我们从五个方面对企业资产负债表进行了分析，并对企业财务状况进行了评价，得到一些初步的结论。需要注意的是，由于会计政策的选择性，分析时要注意会计政策的变动对报表金额的影响，同时还要注意表外项目对企业的影响。

第四节 资产负债表主要项目分析

在分析资产负债表具体项目时，主要从总额和结构两方面进行，需要将各年数据进行对比，通过对比，了解各具体项目是如何变动的、变动的原因是什么、变动的结果如何、产生怎样的影响以及以后的变动趋势如何等。

一、主要资产项目分析

（一）货币资金分析

货币资金主要包括现金、银行存款、其他货币资金。货币资金是企业资产中流动性最强同时也是获利能力最弱的资产，因此货币资金拥有过多或过少都会对企业的生产经营产生不利的影响。货币资金的分析主要是指企业对货币资金的运用质量以及企业货币资金的构成质量进行的分析。

1. 货币资金的规模及比重（占总资产比例）的合理性判定。

在进行货币资金的规模及比重的合理性判定时，应重点考虑以下因素：

（1）货币资金的目标持有量。

（2）资产的规模及业务量。

（3）企业融资能力。

（4）企业运用货币资金的能力。

（5）企业的行业特点：如银行业、保险业与其他行业相比，要保持较高的货币资金数额。

2. 分析货币资金的规模及比重变动是否合理

（1）企业资产规模、销售规模的变动。

（2）信用政策的变动。

（3）为大笔现金支出做准备。

（4）货币资金运用能力。

（5）企业的筹资政策，或者企业筹集的资金尚未使用。

3. 分析企业货币资金收支过程中的内部控制制度的完善程度以及实际执行质量

（1）国家对货币资金的相关规定：库存资金限额、现金使用范围、内部控制要求（现金清查和账目管理）等。

（2）企业内部现金收支内部控制制度（包括对国家有关规定的遵守情况）：从现金收入和现金支出两个方面展开。

4. 企业货币资金构成质量

一是货币资金的实际购买力问题；二是若企业持有外币，外币的汇率变动趋势等问题。

5. 企业持有较高货币规模的原因分析

持有资金存量较高的原因主要有：一是短期偿债的需要，二是近期大额付款的压力以及大量或有负债所致，三是企业不恰当的融资行为所致，四是企业融资后尚未动用所致。

（二）应收款项变动情况分析

短期债权主要包括应收账款、应收票据、预付账款和其他应收款等。由于存在坏账的可能性，因此，短期债权注定要以低于账面的价值量进行收回，从这一方面说应收账款越少越好；另一方面应收账款往往可以从扩大销售得到补偿，应收账款又是对企业有利的，企业要对两者做出权衡。应收票据不能收回转为应收账款，预付账款不能收回转为其他应收款，因此对短期债权的分析，主要就是对应收账款和其他应收款的分析。

1. 决定应收账款规模的主要因素（其他应收款比照进行）

（1）分析企业销售规模变动对应收账款的影响。企业销售产品是应收账款形成的直接原因，在其他条件不变时，应收账款会随着销售规模的增加而同步增加。如果企业的应收账款增长率超过销售收入、流动资产和速动资产等项目的增长率，就可以初步判断其应收账款存在不合理增长的倾向，对此，应分析应收账款增加的具体原因是否正常。

（2）分析企业信用政策、收账政策变动对应收账款的影响。

（3）分析企业会计政策、会计估计对应收账款的影响。如确认收入政策的变化、应收账款的入账政策等。

（4）企业的经营方式及所处行业的特点。商业零售企业债权少，而工业企业的债权多。

2. 分析企业是否利用应收账款进行利润调节

（1）不正常的应收账款增长，特别是会计期末突发性产生的与营业收入对应的应收账款。

（2）应收账款中关联方应收账款的金额与比例。

3. 关注企业是否有应收账款巨额冲销行为

一个企业的巨额冲销应收账款，特别是关联方应收账款，通常是不正常的，或者是还历史旧账，或者是为日后进行盈余管理扫清障碍。

4. 短期债权的质量分析

短期债权的质量，是指债权转化为货币的质量。我们知道肯定的一元钱与不肯定的一元钱是有差别的。企业现行的做法是通过计提坏账准备的形式来进行，但是应该根据什么计提，计提比例应如何确定？

（1）对债权的账龄进行分析。是否超过信用期，超过多长时间等。

（2）对债务人的构成进行分析。区域构成：经济发展水平、法制建设、经济环境（是否稳定或战争）影响着债务人的偿还心态，所有制构成，是否有关联方，债务人是否稳定。

（3）债权的内部经手人。

（4）分析债权周转质量：一般可采用应收账款周转期来表示，如果周转期较小，则说明债权周转质量较好；如果应收账款周转期增长过快，可能会影响公司的销售，进而影响企业的存货周转速度。

5. 其他应收款的质量分析

（1）其他应收款的规模及变动情况。

分析时应注意观察其他应收款的增减变动趋势，如果其他应收款规模过大，或有异常增长现象，如其他应收款余额远远超过应收账款余额，其他应收款增长率大大超过应收账款增长率，就应注意企业是否利用其他应收款进行利润操纵行为。

（2）其他应收款包括的内容。

一些企业常常把其他应收款项目当做蓄水池，任意调整成本费用，达到调节利润的目的。分析时应注意：第一，是否将应计入当期成本费用的支出计入其他应收款；第二，是否将应计入其他项目的计入其他应收款。

（3）关联方其他应收款余额及账龄。

分析时应结合会计报表附注，观察是否存在大股东和关联方长期、大量占用上市公司资金，造成其他应收款余额长期居高不下的现象。

（4）是否存在违规拆借资金。

上市公司以委托理财等名义违规拆借资金往往借助其他应收款来实现。

（5）分析会计政策变更对其他应收款的影响。

从企业实践来看，许多企业对其他应收款项目的运用并不规范。如企业将其母公司对注册资本的抽逃作为债权计入其他应收款项目，将对其他企业资金拆借而形成的债权计入其他应收款项目。

（三）存货变动情况分析

存货是企业最重要的流动资产之一，通常占流动资产一半以上。存货核算的准确性对资产负债表和利润表有较大的影响。存货分析包括存货构成分析和变动情况分析。

1. 存货构成

按性质分，企业存货可以分为材料存货、在产品存货和产成品存货。存货构成分析既包括各类存货规模与变动情况分析，也包括各类存货结构与变动情况分析。

（1）存货规模与变动情况分析。

存货规模和变动情况分析主要是观察各类存货的变动情况和变动趋势，分析各类存货增减变动的原因。企业各类存货规模及其变动是否合适，应结合企业具体情况进行分析评价。材料存货和在产品存货是保证企业生产经营活动连续进行必不可少的条件。一般而言，随着企业收入的增加，企业材料存货和在产品会随之增加，若非正常减少，会对企业今后的生产连续性产生影响。产成品在保证企业正常销售情况下越少越好。

（2）存货结构与变动情况分析。

各种存货资产在企业再生产过程中的作用是不同的，其中库存商品和发出商品存货是存在于流通领域的存货，其不是保证企业再生产过程不间断进行的必要条件，必须压缩到最低限度。材料类存货是维护再生产活动的物质基础，然而它只是生产的潜在因素，所以应把它限制在能够保证再生产正常进行的最低水平上。在产品存货是保证生产过程连续性的存货，企业的生产规模和生产周期决定了在产品存货的存量，在企业正常经营条件下，在产品存货应保持一个稳定的比例。

2. 存货的计价

企业存货的变动主要受企业生产经营各方面的影响，如生产经营规模的扩张和收缩、资产利用效果的高低、资产周转速度的快慢、存货管理水平的高低等。但存货的计价方法、存货的盘存制度和跌价准备的计提等因素的影响也不容忽视。

（1）存货计价方法是否合理。

可供企业选择的存货计价方法有先进先出法、个别计价法和加权平均法。因为价格的变动，存货的不同计价方法会导致不同的结果。一些企业往往把存货计价方法的选择作为操纵利润的手段。分析时应结合企业的具体情况、行业特征和价格变动情况，评价其存货计价方法选择的合理性，同时结合财务报表附注对存货会计政策变更的说明，判断其变更的合理性。

（2）存货的盘存制度对存货数量和价值的影响。

存货数量变动是影响存货项目的基本因素，企业存货数量的确定方法主要有定期盘存法和永续盘存法。两种不同的存货数量确认方法会造成资产负债表上存货项目的差异，这种差异不是由存货数量本身的变动引起的，而是由会计确认方法的不同造成的。

（3）期末存货价值的计价原则对存货项目的影响。

3. 存货质量分析

存货的质量，主要应当关注存货的增值能力、变现能力（对那些对外出售的存货）以及其物理质量（对那些主要用于企业内部，不对外出售的存货）状况。

（1）对存货的毛利率的走势进行分析。

（2）对存货的周转以及积压情况的分析。

（3）存货的物理质量分析：存货自然质量，即存货的自然状态。

（4）存货的品种构成分析：企业存货多元化程度；现有存货的盈利能力；不同存货的周转状况，现有存货的市场发展前景。

（5）存货的时效状况分析：与实效性相关的企业存货，是指那些被利用价值和变现价值与时间联系较大的企业存货。①与保质期相关联的存货，如食品；②与内容相关联的存货，如出版物中的数学书籍与会计专业书籍；③与技术相关联的存货，有的变化较快，如电子计算机；有的变化较慢，如中药配方、食品配方；④对存货的品种构成结构分析。

（6）对存货跌价准备处理的恰当性分析：存货成本与市价孰低规则运用适当性的分析。

（四）长期投资变动情况分析

长期投资是企业持有的不准备随时变现、持有期超过一年以上，因对外出让资产而形成的股权或债权。

1. 关注长期投资的目的

战略性考虑；多元化经营；将来为了特定目的积累资金；实现控制性股东或者重大影响股东的战略，操纵企业的经营业绩。

2. 关注企业长期投资的种类

长期股权投资，长期债权投资；不同种类的投资，对投资所动用的资源需求、投资收益的确认以及对现金流量的影响等均不相同。

3. 关注企业长期投资所运用的资产形态

货币资产与非货币资产，这些信息可以从“投资所支付的现金”以及“不涉及现金收支的投资和筹资活动”查找。

（五）固定资产的变动情况分析

1. 固定资产规模及变动情况分析

固定资产的规模和变动情况分析主要从固定资产原值变动情况分析和固

定资产净值变动情况分析两个方面进行。

（1）固定资产原值及变动情况分析。

固定资产原值是反映固定资产占用量的指标，如果剔除物价变动的影响，也可以说固定资产原值是以价值形式表示固定资产实物量的指标。固定资产原值反映了企业固定资产规模，其增减变动主要受当期固定资产增加和当期固定资产减少的影响。

（2）固定资产净值减少。

主要考虑原值减少、折旧会计问题，减值准备计提问题。

2. 固定资产结构分析

固定资产按使用情况和经济用途可以分为：生产用固定资产、非生产用固定资产、租出固定资产、未使用和不需用固定资产、融资租入固定资产等。固定资产结构反映固定资产的配置情况，合理配置固定资产，既可以在不增加固定资金占用量的同时提高企业的生产能力，又可以使固定资产得到充分利用。固定资产结构分析应特别注意以下三个方面：

（1）生产用固定资产与非生产用固定资产之间比例的变化情况。

企业应在发展生产的基础上，根据实际需要适当增加这方面的固定资产，但增加速度一般应低于生产用固定资产的增加速度，其比重的降低属正常现象。

（2）未使用和不需用固定资产比率的变化情况。

未使用和不需用固定资产对固定资金的有效使用是不利的，应该查明原因，采取措施，积极处理，将其压缩到最低限度。

（3）生产用固定资产内部结构是否合理。

3. 固定资产的质量分析

结合固定资产的结构变化、利用状况以及企业披露信息，对固定资产折旧、固定资产清理进行分析，区分具有增值潜力的固定资产、不具有增值潜力的固定资产。

（六）无形资产变动情况分析

由于无形资产的特点和会计处理惯例，在分析无形资产时，要注意以下几点：

（1）资产负债表上作为无形资产列示的基本上是企业外购的无形资产。

（2）企业可能存在会计处理原因而导致的账外无形资产。

（3）账外无形资产价值的实现方式可有多种选择。

（4）无形资产质量表现的特殊性：主要表现在企业内部利用价值和对外投资或转让的价值上。

二、负债项目变动情况分析

（一）短期借款变动情况分析

短期借款发生变化，其原因不外乎两大方面：生产经营需要、企业负债筹资政策变化。其变动的具体原因有：

（1）流动资产资金需要。

（2）节约利息支出。

（3）调整负债结构和财务风险。

（4）增加企业资金弹性。

（二）应付账款及应付票据变动情况分析

（1）企业销售规模的变动。

（2）为充分利用无成本资金。

（3）提供商业信用企业的信用政策发生变化。

（4）企业资金的充裕程度。

（三）长期借款变动情况分析

影响长期借款变动的因素有：

（1）银行信贷政策及资金市场的资金供求状况。

（2）为了满足企业对资金的长期需要。

（3）保持企业权益结构的稳定性。

（4）调整企业负债结构和财务风险。

三、股东权益项目变动情况分析

（一）股本变动情况分析

影响股本变动的因素有：

（1）公司增发新股或配股。

（2）资本公积或盈余公积转增股本。

（3）以送股进行利润分配。

（二）未分配利润变动情况分析

未分配利润变动的原因有：

（1）企业生产经营活动的业绩。

（2）企业的利润分配政策。

第五章 从利润表看战略实施

[引例] S公司滥用准备金科目，夸大对外报告利润

S公司曾经以1150亿美元的股票市值一度成为美国的第25大公司。

2002年S公司的会计造假案披露的虚假会计利润接近100亿美元，创下了空前的会计舞弊世界纪录。2002年7月，S公司向法院申请破产保护时的资产总额高达1070亿美元，但根据《华尔街日报》请一些评估专家所作的估计，这些资产的公允价值仅为150亿美元。S公司尽管在造假金额上创下纪录，但在具体造假手法上并不高明，其中滥用准备金科目，利用以前年度计提的各种准备冲销线路成本，夸大对外报告的利润是其主要手法。

该公司在2000年第三季度和第四季度，分别调减线路成本8.28亿美元和4.07亿美元，并按相同金额借记已计提的坏账准备等准备金科目。2001年第三季度，又以同样的手法将已计提的4亿美元坏账准备与线路成本相互冲销，虚增了税前利润。

利润分析的目的是在分析利润变动的基础上，从影响利润形成的市场、生产、经营及管理各相关环节入手来发现导致利润变动的原因，进而判断企业盈利能力的未来变动趋势。

第一节 改造利润表

改造利润表是根据基于战略视角的财务分析的需要，将按照企业会计准则和企业会计制度编制的损益表调整为符合财务分析需要的利润表。

一、增加主营业务毛利项目

增加主营业务毛利项目主要是增加主营业务收入、主营业务毛利和主营业务利润三个项目。

一项业务（或一种产品）的收入减去该项业务或产品的成本后，其余额即为该项业务的毛利。毛利除以该项业务的收入，即为毛利率。首先，假定除成本以外的费用是一定的，那么毛利越大，扣除费用后的收益就越大，毛利反映了该项业务（或产品）本身的盈利能力和盈利水平；其次，假定目标利润是一定的，那么毛利扣除目标利润后的余额即是企业除成本以外允许开支费用的上限，它为企业的费用控制提供了依据。

二、细化其他业务利润并增加其他业务毛利项目

在新准则公布的标准损益表中，没有其他业务利润这一项目。如果企业的其他业务较少，收入和支出都不大，即使不反映收支情况也不会影响损益表所提供信息的完整性；但是如果其他业务较多，规模较大，甚至超过了主营业务，如果不反映收支情况，那么不仅信息不完整，而且会影响会计信息的使用者。应尽可能收集有关其他业务收入和其他业务支出的详细资料，并将其在损益表中列示出来，充分满足报表使用者对有关信息的需求。

另外，鉴于其他业务毛利这一信息同样具有重要作用，需要在细化其他业务利润的同时增加其他业务毛利项目。

三、细化投资收益

根据风险—报酬平衡原理，对外投资属于高风险资产，需要计算各项投资的报酬率，据以考核各项投资的报酬率是否与其承受的风险相适应。对于报酬率与其承受的风险相适应的投资项目，可以持有，否则应查明风险与报酬不相适应的原因。如果是暂时性因素造成，可以谨慎持有；如果系长期因素造成，则不宜持有。为了满足企业管理对外投资而产生的对有关会计信息的需求，应尽可能地搜集有关收益的详细资料，并在损益表中分别列示。笔者认为，至少应划分短期投资、长期债权投资、长期股权投资（非控股）和长期股权投资（控股）等几种情况。

第二节 利润表分析的目的与内容

一、利润分析的目的

企业利润，通常是指企业收入减去成本费用后的余额，亦称为财务成果或经营成果。利润的意义在于，它是企业和社会积累与扩大再生产的重要源泉，是反映企业经营业绩的最重要指标，是企业投资与经营决策的重要依据。

利润表分析或利润分析的主要作用包括以下几个方面：

（一）利润分析可正确评价企业各方面的经营业绩

由于利润受各环节和各因素的影响，因此，通过不同环节的利润分析，可准确说明各环节的业绩。

（二）利润分析能指出企业利润增减变动的原因，及时、准确地发现企业经营管理中存在的问题

利润分析的重点是发现企业经营活动及财务活动中的具体变化，找出问题所在。利润分析在一定程度上是对企业盈利能力分析的延伸和发展，起到一种解释性的作用。

（三）利润分析能够预测企业未来的盈利能力

利润的基础信息来源于利润表，而利润表是按照企业利润的形成过程，对营业利润、投资净收益和营业外收支等进行分项反映，它不仅反映了企业的形成过程和结果，还反映了企业利润的构成情况。而按利润结构层次的分析能够为预测企业未来的盈利能力提供重要依据，因为利润构成情况在一定时期内具有相对稳定性。

（四）利润分析能够判断企业价值的大小

借助利润分析，通过对利润构成状态及变化的原因或事件的发生的分析，并结合未来一定时期内可能影响企业价值发生变动的驱动因素，能够判断出企业未来的盈利状况，提高企业价值计算的准确性。

（五）利润分析可为投资者、债权者的投资与信贷决策提供正确信息

投资者、债权人及其他利益相关者都从各自的利益出发，通过利润分析得到自己所需要的信息，从而有利于自己的决策。另外，利润分析对于国家宏观管理者研究企业对国家的贡献也有重要意义。

二、影响利润的因素

从利润表的报表结构来看，利润项目分为主营业务利润、营业利润、利润总额和净利润，每一利润项目内部又是收入与相关费用配比的结果。深入地分析影响净利润的因素，可以探寻引发企业利润变动的原因，为企业提高盈利能力提供决策支持。按照净利润形成的层次，可以归纳出如下的影响因素：

（一）企业主营业务的发展水平

影响企业主营业务的因素很多，包括企业所处的行业、所选择的竞争战略及企业的管理水平等。一方面，这些因素最终都会影响到企业的财务业绩；另一方面，也说明财务业绩的外在表现状况的分析基础是这些终极因素。在这里可以借鉴战略分析的思路：一是外部环境分析，宏观环境分析（PEST）、行业环境分析（波特五力模型）、竞争环境分析，二是内部的资源、能力和核心竞争力分析（价值链分析，SWOT 分析），三是企业采取的战略分析（包括总体战略和竞争战略）。

（二）企业其他业务的发展水平

如果企业存在与主营业务不相协调的其他业务，则表明企业正常的经营活动出现了问题，或可以说企业在人为地操纵利润而进行特定目的的报表管理。影响企业其他业务发展水平的发展因素主要包括以下内容：

（1）企业主营业务的变化情况。企业主营业务是否发生了较大或根本性的变化？不正常的其他业务发生可能预示着某种潜在的危机。

（2）企业内部管理水平适应企业正常运营的状况。高水平的企业内部管理可以减少企业其他业务发生的较大变动，其他业务保持一定程度的稳定表明企业具有较低的风险水平。

（三）企业的投资策略

企业的投资策略影响企业未来发展的实力。企业对外投资的动机各异，进而投资收益的来源、方式及对企业整体收益的贡献程度也是不同的。影响企业投资活动的因素主要包括：

（1）企业投资于原主营业务还是新的主营业务或新行业，是通过收购兼并还是直接投资新项目。如果适应宏观经济环境、行业发展状况、产品生命周期和市场竞争程度，企业会有怎样的盈利前景。

（2）企业财务策略的选择。在企业的竞争力中，财务战略及管理的能力是企业各方面能力的综合体现，而投资策略影响着企业财务体系的健康程度。

（3）企业资本运作水平。企业根据其经营战略会选择不同的投资方式和投资项目，这会产生不同的效果。

（四）企业营业外事项

企业营业外事项是产生于企业主要经营业务之外的活动，企业管理当局对其基本不能完全控制。影响营业外事项的因素包括：

（1）企业日常资产运营水平。在规模经济思想的支配下，企业必须科学合理地界定资产占用水平，决定最佳的资产组合，对不需要的资产及时选择科学的方法予以处理。

（2）生产经营管理水平。生产经营管理水平的高低决定着生产计划安排的合理性、非常损失发生的概率及正常生产经营意外情况的发生幅度等。

三、利润表再加工

（一）比较标准

与前面提到的资产负债表比较标准类似，在会计报表分析阶段，无法采用经验标准、行业标准和预算标准，因此只能选择历史标准，即把本期数据和历史数据进行对比。

（二）水平计算指标

水平计算指标主要有某项目变动额和某项目变动率。

会计报表分析通常采用水平分析法，将利润表实际数与历史标准进行比较，计算以下指标。

$$某项目变动额=该项目期末余额-该项目期初余额$$

$$某项目变动率=\frac{该项目变动额}{该项目期初余额}\times 100\%$$

（三）垂直计算指标

垂直计算指标主要通过变动百分比来计算，计算步骤如下：

1. 计算利润表各项目的比重

$$某项目的比重=\frac{该项目金额}{营业收入}\times 100\%$$

2. 计算各项目比重的差异

$$某项目比重的差异=该项目期末比重-该项目期初比重$$

以 H 公司 2011 年 1—12 月的利润表为例，计算 H 公司相应的水平计算指标和垂直计算指标，具体见表 5-1。

表 5-1 利润表

2011 年 1 月 —12 月

编制单位：　　　　　　　　　　　　　　　单位：元　　币种：人民币

项 目	行次	本年累计数	上年累计数	变动额	变动率 %	本期结构 %	上期结构 %	结构变动 %
一、营业总收入	1	73,662,501,627.24	64,694,775,664.95	8,967,725,962.29	13.86	100.00	100.00	0.00
其中：营业收入	2	73,662,501,627.24	64,694,775,664.95	8,967,725,962.29	13.86	100.00	100.00	0.00
利息收入	3							
二、营业总成本	4	70,020,458,413.85	61,764,834,343.97	8,255,624,069.88	13.37	95.06	95.47	-0.42
其中：营业成本	5	56,263,081,343.94	50,112,176,255.49	6,150,905,088.45	12.27	76.38	77.46	-1.08
营业税金及附加	6	331,881,010.10	166,383,761.93	165,497,248.17	99.47	0.45	0.26	0.19
销售费用	7	9,099,342,578.93	7,895,006,813.23	1,204,335,765.70	15.25	12.35	12.20	0.15
管理费用	8	4,053,202,612.90	3,510,106,556.85	543,096,056.05	15.47	5.50	5.43	0.08
财务费用	9	115,380,434.91	22,478,245.93	92,902,188.98	413.30	0.16	0.03	0.12
资产减值损失	10	157,570,433.07	58,682,710.54	98,887,722.53	168.51	0.21	0.09	0.12
加：公允价值变动损益（损失以“-”号填列）	11							
投资收益（损失以“-”号填列）	12	420,764,850.88	277,227,440.02	143,537,410.86	51.78	0.57	0.43	0.14
三、营业利润（亏损以“-”号填列）	13	4,062,808,064.27	3,207,168,761.00	855,639,303.27	26.68	5.52	4.96	0.56
加：营业外收入	14	369,722,503.94	747,925,164.43	-378,202,660.49	-50.57	0.50	1.16	-0.65
减：营业外支出	15	18,988,725.84	14,566,183.83	4,422,542.01	30.36	0.03	0.02	0.00
其中：非流动资产处置损失	16	4,633,281.56	4,874,354.58	-241,073.02	-4.95	0.01	0.01	0.00
四、利润总额（亏损以“-”号填列）	17	4,413,541,842.37	3,940,527,741.60	473,014,100.77	12.00	5.99	6.09	-0.10
减：所得税费用	18	765,879,164.87	929,405,157.38	-163,525,992.51	-17.59	1.04	1.44	-0.40
五、净利润（亏损以“-”号填列）	19	3,647,662,677.50	3,011,122,584.22	636,540,093.28	21.14	4.95	4.65	0.30
归属于母公司的净利润	20	2,690,022,207.41	2,239,980,565.53	450,041,641.88	20.09	3.65	3.46	0.19
少数股东损益	21	957,640,470.09	771,142,018.69	186,498,451.40	24.18	1.30	1.19	0.11
六、每股收益	22							
（一）基本每股收益	23	1.002	0.84	0.17	19.86			
（二）稀释每股收益	24	0.997	0.83	0.16	19.54			
七、其他综合收益	25	-3,893,627.44	-942,023.93	-2,951,603.51	313.33	-0.01	0.00	0.00
八、综合收益总额	26	3,643,769,050.06	3,010,180,560.29	633,588,489.77	21.05	4.95	4.65	0.29
归属于母公司所有者的综合收益总额	27	2,697,359,142.84	2,239,488,695.28	457,870,447.56	20.45	3.66	3.46	0.20
归属于少数股东的综合收益总额	28	946,409,907.22	770,691,865.01	175,718,042.21	22.80	1.28	1.19	0.09

法定代表人：　　　　主管会计工作的负责人：　　　　会计机构负责人：

四、利润表分析的内容

从上述影响利润的因素可以看出，利润分析的基本原理体现为一种因果关系链分析，其特征是分层递进剖析直至利润产生的本原——业务活动。因此，可根据影响因素的层次性逐层确定利润分析的内容。

（1）从总量上通过对利润的形成和结构及结构变动分析，确定影响利润的基本因素，以明确利润分析的切入点，该切入点就是形成利润的各构成要素。主要的分析内容是企业主营业务利润、营业利润、利润总额及其净利润数量变化状况。

（2）根据多步式利润表，依利润分块结构来设计的特点，按照利润业务结构、利润产品或劳务结构、利润收支结构及利润时效性结构 4 个层次逐层展开分析，以找到最终影响企业财务成果变化的企业基本行为因素。

（3）从企业经营的基本环节入手，判断出利润各形成要素变动的经营行为的影响，从企业业务活动角度找出利润变化的最基本原因，以此为企业经营决策提供依据。

由此可见，利润表分析的步骤可归纳为：首先，是改造利润表；其次，从总体上进行利润结构分析；再次，把水平分析和垂直分析相结合，进行利润构成要素变动趋势分析，把主要项目分析融入利润构成要素分析中；最后，通过利润分配分析，对上述分析内容进行符合性测试。

第三节 利润表综合分析

利润表综合分析分为水平分析和垂直分析，其中，水平分析主要反映利润的增减变动情况，而垂直分析主要反映利润的构成变动情况。下面就以下两方面分别展开表述。

一、利润增减变动情况分析

利润增减变动情况分析，简称为水平分析。利润表水平分析依据的分析资料是利润表、相关附表及附注资料，以主营业务利润、营业利润、利润总额和净利润四个关键利润指标展开。水平分析主要是分析其各项利润较前一期或几期利润而言发生了怎样的变化，对企业造成了怎样的影响，是积极的还是消极的，并确定利润分析的重点项目所在。按照利润表中各项目由后向前的顺序，利润分析评价的内容包括：

（一）净利润或税后利润分析

净利润是指企业所有者最终取得的财务成果，或可供企业所有者分配或使用的财务成果。通过水平分析，找出企业净利润增长或下降的原因（如所得税、利润总额等）。以表 5-1 为例，H 公司 2011 年实现净利润 3,647,662,677.50 元，与 2010 年净利润 3,011,122,584.22 元相比，增长 636,540,093.28 元，增长比率为 21.14%，增长幅度较高。从表中可以看出，公司净利润的增长主要是利润总额上升 473,014,100.77 元，所得税费用下降 163,525,992.51 元，二者的共同作用实现了该公司净利润的增长。

（二）利润总额分析

利润总额是反映企业全部财务成果的指标，它不仅反映企业的营业利润，而且反映企业的对外投资收益，以及营业外收支情况。通过水平分析，找出企业营业利润增加或减少的关键原因。在表 5-1 中，H 公司 2011 年利润总额为 4,413,541,842.37 元，2010 年利润总额为 3,940,527,741.60 元，增长 473,014,100.77 元，增长比率为 12%。利润总额的增加主要在于该公司营业利润增加 855,639,303.27 元，同时营业外收入减少 378,202,660.49 元，两者相抵带来利润总额的增加。

（三）营业利润分析

营业利润是指企业营业收入与营业成本费用及税金之间的差额，既包括主营业务利润和其他业务利润，又包括企业公允价值变动净收益和对外投资的净收益，并在二者之和基础上减去营业费用、管理费用和财务费用。它反映了企业自身生产经营业务的财务成果。通过水平分析，找出引起营业利润增减的主要原因。在表 5-1 中，公司 2011 年营业利润为 4,062,808,064.27 元，2010 年营业利润为 3,207,168,761.00 元，增长 855,639,303.27 元，增长率为 26.68%，增长速度较快。主要原因在于公司营业收入和投资收益的大幅度增长，根据该公司年报，其营业收入大幅度增长，2011 年比 2010 年增长 8,967,725,962.29 元，增长幅度为 13.86%，营业成本 6,150,905,088.45 元，增长幅度为 12.27%，低于营业收入的增长；另外公司营业税金及附加、销售费用、管理费用和财务费用的增长减少了利润的增长。投资收益增长 143,537,410.86 元，增长比率为 51.78%。这些因素的共同作用带来了营业利润的增加。

公司其他综合收益 2011 年为 -3,893,627.44 元，2010 年为 -942,023.93 元，对公司业绩的影响较小，在此不再展开分析。

二、利润构成变动分析

利润构成变动分析，简称为垂直分析。利润构成变动分析依据的资料仍是利润表、相关附表及附注资料。利润结构变动分析评价主要根据利润表中的资料，分析同一会计期间利润表各项目的相对增长速度的差异，目的是找出企业经营成果的变动最终是由哪些因素引起的，分析这些原因对企业影响的程度，进而在企业的经营活动中发现这些因素变动的原因，并判断这些原因对未来企业的财务成果造成怎样的影响。

根据加工后的利润表，2011 年该公司营业利润占营业收入的比重为 5.52%，比 2010 年的 4.96% 上升 0.56%；本年度利润总额占营业收入的比重为 5.99%，比 2010 年的 6.09% 下降 0.10%，下降的原因主要是营业外收入的下降；本年度利润总额占营业收入的比重为 4.95%，比 2010 年的 4.65% 下降 0.30%，上升的原因主要在于所得税费用占比的下降。综上所述，该公司的盈利能力比上年度有所提高。从该公司各项财务成果结构变化的原因，营业利润所占比重的上升，主要来源于营业成本所占比重的下降，以及投资收益的上升，另外三大期间费用和资产减值损失抵减了部分增长。公司利润总额所占比重的下降主要来源于营业外收入比重下降的影响。公司净利润的增长，除了营业利润比重的上升以及营业外收入比重的下降外，公司所得税费用比重的下降也起到了重要作用。

第四节 利润表主要项目分析

对利润表的总体分析是利用改造后的利润表进行的。利润表的总体分析可以从两个角度进行：一是对各个年度的利润表进行分析，二是对各年度的利润表进行比较分析。实际工作中，上述两种分析不是分别进行的，而是一次性完成的。

一、企业收入分析

分析主营业务收入的变动情况，可以说明企业主营业务的发展是高速增长、比较稳定还是萎缩的，并通过因素分析确定主营业务收入发生变动的原因。

（一）企业收入确认与计量分析

1. 企业收入确认分析

企业收入确认，在明确收入内涵的基础上，应着重进行以下几方面的分析：

（1）收入确认时间合法性分析。即分析是否分清本期收入与前期收入或后期收入的界线。

（2）特殊情况下企业收入确认的分析。如商品需要安装或检验时收入的确认，买主有退货权时的收入确认等，其收入的确认与一般性收入确认不同。

（3）收入确认方法合理性的分析。如对采用完工百分比法、完成合同法的条件与估计方法是否合理等的分析。

2. 企业收入计量分析

企业收入计量分析包括营业收入计量分析和投资收入计量分析两部分。

（1）营业收入计量分析。

营业收入计量分析，关键在于确认销售退回、销售折扣与销售折让的计量是否准确。根据会计准则规定，销售退回与销售折让的计量比较简单，而销售折扣问题相对较复杂，应作为分析重点。分析时应根据商业折扣与现金折扣的特点，分别分析折扣的合理性与准确性以及对企业收入的影响。

（2）投资收入计量分析。

投资收入计量分析根据投资收入的内涵，可分为利息收入分析（购买债券的利息收入）、资产使用费用收入分析和股利收入分析。分析时应结合各项目的特点及选择的会计政策情况分别进行，以确认企业投资收入计量方法和计量结果的准确性。

（二）主营业务收入变动的因素分析

主营业务收入变动的因素分析主要是销售数量与销售价格的分析。企业营业收入的大小主要受销售数量和销售价格影响。销售量是简单因素，无须多言，值得注意的是产品单价，受到多种因素的制约，经常出现同一产品多种单价的现象，这时应该采用平均单价进行分析。

1. 计算营业收入增长额和增长率

$$营业收入增长额=本期实际营业收入-基础营业收入$$

$$营业收入增长率=\frac{营业收入增长额}{基期营业收入}$$

2. 计算销售量变动对收入的影响

$$销售量变动对营业收入的影响=基期营业收入\times销售量增长率$$

$$销售量增长率=\frac{\sum(产品实际销售量\times基期单价)}{\sum(产品基期销售量\times基期单价)}-1$$

推导过程：

$$\text{单产品}:=(\text{实际销量}-\text{基期销量})\times\text{基期单价}$$

$$\text{多产品}:=\sum(\text{实际销量}-\text{基期销量})\times\text{基期单价}$$

然后分子、分母同乘“∑基期销量 × 基期单价”得：

$$=\left(\frac{\sum(\text{实际销量}-\text{基期销量})\times\text{基期单价}}{\sum\text{基期销量}\times\text{基期单价}}\right)\times\left(\sum\text{基期销量}\times\text{基期单价}\right)$$

整理后得：

$$=\left(\frac{\sum\text{实际销量}\times\text{基期单价}}{\sum\text{基期销量}\times\text{基期单价}}-1\right)\times\text{基期营业收入}=\text{基期营业收入}\times\text{销售量增长率}$$

实际上，数量变动包括两个方面：一是单纯数量性变动，二是结构性变动。那么如何区分数量性变动和结构性变动呢？这可以作为一个课题进行研究。

3. 计算价格变动对收入的影响

价格变动对收入的影响＝营业收入增长额－销售量变动对营业收入的影响

也可以采用因素分析的公式进行计算。

（三）企业收入构成分析

对企业收入分析不仅要研究其总量，而且应分析其结构及其变动情况，以了解企业的经营方向和会计政策选择，包括企业所处行业与企业主营业务发展的相关性以及地区构成分析、产品构成分析。企业收入构成分析主要包括主营收入与其他收入分析、现销收入与赊销收入分析。

二、营业成本分析

营业成本分析包括成本绝对额分析和主营业务成本变动比例分析。

（一）成本绝对额分析

1. 产品销售成本分析

对影响主营业务成本的因素进行分析，目的在于揭示主营业务成本的发展趋势，判断企业产品在成本上是否具有优势，进而深入地探寻影响营业成本升降的原因，为降低成本、提高企业创造更高利润的能力指明方向。销售成本分析包括全部销售成本分析和单位销售成本分析两部分。

（1）全部销售成本分析。

①将本年度全部产品销售总成本与按本年实际销售量计算的上年实际销售总成本进行对比，求出销售成本的增减额和增减率。计算公式如下：

全年销售成本降低额＝本年实际销售总成本－按本年实际销售量计算的上年实际销售总成本

$$全部销售成本降低率=\frac{全部销售成本降低额}{按本年实销量计算的上年销售总成本}$$

②计算主要产品和非主要产品的销售成本降低额和降低率，以及对全部销售成本降低率的影响。

$$主产品销售成本降低对全部销售成本降低率的影响=\frac{主产品销售成本降低额}{按本年实销量计算的上年销售总成本}$$

$$非主要产品销售成本降低对全部销售成本降低率的影响=\frac{非主要产品销售成本降低额}{按本年实销量计算的上年销售总成本}$$

③计算各主要产品（比第 2 步计算方法更加明细）销售成本降低额和降低率，以及它们对全部产品销售总成本降低率的影响。计算方法可采用上述全部销售成本降低额和降低率的计算公式，以及主产品降低对全部销售成本降低率影响的公式，只是产品的计算口径和范围不同。

（2）进行单位销售成本分析。

对于这方面的财务分析，其过程是在分析各种主要产品单位成本变动状况的基础上，找出以哪种产品作为突破口，进而对该产品的成本结构变化原因及引起其变动的深层次因素进行分析，直至企业基本业务活动及相应的管理层面。分析中利用的成本资料属于内部资料，因此只有内部分析能够展开。

①单位销售成本与单位生产成本的关系。

它们之间的关系可通过以下关系式反映出来：

某产品单位销售成本＝某产品销售总成本 ÷ 该产品销售量

某产品销售总成本＝本期生产总成本＋期初结存成本－期末结存成本

某产品单位生产成本＝该产品本期生产总成本 ÷ 当期生产量

可见，主营业务成本主要受单位产品成本、存货计价方法以及成本控制系统的影响。

②单位主营业务成本分析。

a. 单位产品的成本计划完成情况分析。分析的内容是通过计算实际单位成本比计划单位成本、比上年单位成本、比历史单位成本先进水平等指标的变动情况，确定导致成本超支或节约的因素，以明确进一步分析的方向。分析方法主要采用比较分析法。

b. 单位产品成本项目分析。分析主要产品实际单位成本中每一成本项目与其成本计划的差异大小及产生该差异的具体原因。分析方法主要是因素分析法，针对直接材料差异、直接人工差异、变动制造费用差异、固定制造费用差异进行因素分析。在确定各影响因素对分析指标的影响程度后，还要深入分析原因。

c. 存货的成本计算、发出计价和盘存制度会计制度分析。

d. 成本控制系统的严格与否分析。

（二）主营业务成本变动比例分析

主营业务成本变动比例分析主要是计算主营业务成本占主营业务收入的比例，主要从售价和成本两个方面进行分析，并把销售量和成本分析联系起来。从理论上说，随着收入的增加，主营业务成本占主营业务收入的比例升高，可能有以下四种原因：一是售价相同，成本增加；二是成本相同，售价降低；三是售价增加的幅度小于成本增加的幅度；四是售价降低的幅度大于成本降低的幅度。

三、营业毛利分析

主营业务毛利率等于一减去主营业务成本占主营业务收入的比例，它与上个指标（主营业务成本占主营业务收入的比例）是互补的关系。另外，主营业务毛利率是企业允许除成本以外费用允许开支的最大额度，否则就会亏损。

四、税金及附加分析

对于一般工业企业而言，税金及附加构成项目主要是城建税和教育费附加。因此，如果哪年税负急剧增大，说明增值税出现了大的问题，有可能是企业购买材料的进项税抵扣不够及时。

五、营业费用分析

与财务成果直接相关的费用有销售费用、管理费用和财务费用等，在这三项期间费用中，除部分营业费用外，企业的间接费用大部分属于固定费用。对各项费用进行分析可采用水平分析法和垂直分析法。运用水平分析法可将各费用项目的实际数与上期数或预算数进行对比，以揭示各项费用的完成情况及产生差异的原因。运用垂直分析法则可揭示各项费用的构成变动，说明费用构成变动的特点。

（一）固定性期间费用

固定性期间费用，是指与企业的实际业务活动没有直接联系，即其发生的金额不随企业业务量的变动而变动。一定会计期间的工资费用、固定资产折旧费都属于这类费用。对这部分期间费用的分析方法主要是与预算金额或计划金额进行对比，找出导致费用变化的原因。

（二）变动性期间费用

变动性期间费用，是指在一定的业务量范围内，其发生的金额和业务量之间保持正比例关系的期间费用。如企业一定会计期间发生的包装费、运输费等随业务量的增加而增长。对这部分期间费用的分析方法主要是比率分析法，以判断费用的发生是否与企业业务量保持同步甚至是有所降低。所使用的比率主要是主营业务收入期间费用率。

（三）混合性费用

混合性费用，是指随着业务量的增减变动而适当变动的期间费用。如一定会计期间内机器设备的日常维修费用。对这部分期间费用中表现出固定性特征的，分析其绝对额的合理性；呈变动性特征的，分析其相对值的有效性。

（四）酌量性费用

酌量性费用，是指可以根据企业的经营目标和管理当局的意图进行调节的期间费用，发生的时间和金额都要由企业选定的经营策略及会计政策来决定。如一定会计期间的广告费、展览费等。对这部分期间费用，应在评价企业经营策略及会计政策的基础上选择绝对值比较或相对值判断。同时要注意，若减少酌量性费用可能对企业造成的长远影响。

六、主营业务利润分析

（一）影响主营业务利润的因素

主营业务利润，亦称产品销售利润，是综合反映企业主营业务最终财务成果的指标。产品销售利润的高低，直接反映了企业的生产经营状况和经济效益状况，是影响主营业务利润的主要因素。

影响产品销售利润最基本的因素是销售量、单价和单位销售成本。在生产多种产品的企业，它还受产品销售品种构成的影响；在生产等级产品的企业，由于优质优价，它又受产品等级的影响。

（二）产品销售利润因素分析方法

产品销售利润也就是主营业务利润，其计算分析公式如下：

主营业务利润＝主营业务收入－主营业务成本－主营业务税金及附加（假设收入、成本、税金都与销量有一定的关系）＝销售量 ×（单价－单位销售成本－单位税金及附加）

1. 销售量变动对利润的影响分析（假设单位利润不变）

主营业务利润＝销售量 ×（单价－单位销售成本－单位税金及附加）＝销售量 × 单位销售利润

借鉴收入的因素分析中关于销售量的分析，销售量变动对利润的影响可以表示为：

$$\left(\frac{\sum 实际销量\times基期单位利润}{\sum 基期销量\times基期单位利润}\right)\times基期利润-基期利润 \qquad (\text{I})$$

为了得到产品销售总量和销售规模结构的变化，插入一个中间变量：

$$\left(\frac{\sum 实际销量\times基期单价}{\sum 基期销量\times基期单价}\right)\times基期利润$$

这样（Ⅰ）式可以分解成：（Ⅰ）＝（Ⅱ）＋（Ⅲ）

$$\left(\frac{\sum 实际销量\times基期单位利润}{\sum 基期销量\times基期单位利润}\right)\times基期利润-\left(\frac{\sum 实际销量\times基期单价}{\sum 基期销量\times基期单价}\right)\times基期利润 \qquad (\text{II})$$

$$\left(\frac{\sum 实际销量\times基期单价}{\sum 基期销量\times基期单价}\right)\times基期利润-基期利润 \qquad (\text{III})$$

产品销售量是影响利润的一个重要因素。在产品单位利润一定的情况下，销售量的增减速度直接决定着利润的增减速度，因此，销售量变动对利润的影响可用下式计算：

$$销售量变动对利润的影响=产品销售利润基期数\times(产品销售量完成率-1)$$

其中，产品销售量完成率的计算公式是：

$$产品销售量完成率=\frac{\sum[产品实际销售量\times基期单价（或单位成本）]}{\sum[产品基期销售量\times基期单价（或单位成本）]}\times100\%$$

注：产品销售量完成率主要考察销售量的完成情况，因此，在生产一种产品时，可直

接用实物量进行计算，但在生产多种产品时，实物量不能直接相加，通常可以价格或成本为参数，以便于汇总。

那么销量变动对利润的影响可以表示为：

$$(\text{实际销售量}-\text{基期销售量})\times\text{基期单位利润}$$
$$=\frac{(\text{实际销售量}-\text{基期销售量})\times\text{基期单位利润}}{\text{基期销售量}\times\text{基期单位利润}}\times(\text{基期销售量}\times\text{基期单位利润})$$
$$=\text{基期利润}\times\text{销售量增长率}$$

此时，如果企业生产多种产品，那么：

$$\text{销售量增长率}=\frac{\sum(\text{实际销售量}-\text{基期销售量})\times\text{基期单位利润}}{\sum\text{基期销售量}\times\text{基期单位利润}}$$

2. 销售品种构成变动对利润的影响分析

产品品种构成，是指某种产品的产量或销售量在全部产品产量或销售量中所占的比重。由于各种产品的利润率高低不同，则产品品种构成的变动就会引起利润额的变动。确定品种构成变动对利润额影响的方法较多，且各有利弊，下面就以下四种主要分析方法进行说明：

（1）仍旧是假设产品的利润不变，本方法适用的前提是不同产品的单价不同，可以和销售量变动对利润的影响分析（假设单位利润不变）合并后进行不同销售品种销售量的波动分析。

$$\text{品种构成变动对利润的影响}=\sum(\text{产品实际销售量}\times\text{产品基期单位利润})$$
$$=\text{基期产品销售利润}\times\text{产品销售量完成率}$$

（2）

$$\text{品种构成变动对利润的影响}=\sum(\text{产品实际销售量}\times\text{产品基期单价})\times(\text{实际品种构成}-\text{基期品种构成})\times\text{基期销售利润率}$$

（3）

$$\text{品种构成变动对利润的影响}=\sum[(\text{产品实际销售量}\times\text{产品基期单价})\times(\text{实际品种构成}-\text{基期品种构成})\times(\text{基期销售利润率}-\text{基期综合销售利润率})]$$

（4）

$$\text{品种构成变动对利润的影响}=\text{实际产品销售利润}-\text{基期产品销售利润}-\text{其他个因素变动对销售利润的影响}$$

3. 销售价格变动对利润的影响分析

价格是影响企业产品销售利润的重要因素。价格变动对利润的影响一般可用下式计算：

价格变动对销售利润的影响=∑[产品实际销售量×（实际销售价格－基期销售价格）]

4. 等级构成变动对利润的影响分析

产品等级构成是指在等级产品总产销量中，各等级品产销量所占的比重，它是反映等级产品质量的重要指标。确定等级品质量变动对利润的影响，可用下式计算：

质量变动对利润的影响＝等级产品实际销售量 ×（实际等级基期平均单价－基期等级基期平均单价）

（1）等级产品实际销售量为各个等级产品的实际销售量直接相加之和；

（2）基期等级基期平均单价=$\dfrac{\sum(\text{各等级基期销售量}\times\text{该等级的基期单价})}{\text{各等级基期的销售量之和}}$

5. 销售成本变动对利润的影响分析

销售成本变动对利润有着直接影响，在其他因素不变的情况下，销售成本降低多少，利润就会增加多少，即销售成本与利润成反比。因此，计算成本变动对利润的影响的公式是：

成本变动对利润的影响=产品实际销售量×（单位产品基期成本－单位产品实际成本）

6. 税率变动对利润的影响分析

（1）如果企业实行从价定率法计算消费税，则消费税率变动对产品销售利润影响的计算公式是：

消费税率变动对利润的影响=产品实际销售额×（基期消费税率－实际消费税率）

（2）企业实行从量定额法计算消费税额，则单位消费税额变动对利润的影响的计算公式为：

消费税率变动对利润的影响=产品实际销售额×（单位产品基期消费税额－单位产品实际消费税额）

（三）产品销售利润完成情况评价

产品销售利润分析评价，应在确定各因素对利润影响程度的基础上，从以下几方面进行：

（1）分清影响产品销售利润的有利因素与不利因素。

（2）分清影响产品销售利润的主观因素与客观因素。

（3）分清生产经营中的成绩与问题。

七、其他业务收入、其他业务支出和其他业务利润分析

其他业务收入是指各类企业主营业务以外的其他日常活动所取得的收入。一般情况下，其他业务活动的收入不大，发生频率不高，在收入中所占比重较小。其他业务支出是指除主营业务以外的其他销售或其他业务所发生的支出，是指企业取得其他业务收入相应发生的成本，包括其他业务的销售成本以及提供劳务所发生的相关成本、费用、税金及附加等。其他业务利润是指其他业务收入扣除其他业务支出的剩余金额。

八、管理费用分析

管理费用是指企业行政管理部门为组织和管理生产经营活动而发生的各种费用。从理论上说，考核管理费用水平时，应同时考虑主营业务收入和其他业务收入，并关注管理费用的失控情况，即采用管理费用率公式来进行管理费用分析。

管理费用率 = 管理费用 /（主营业务收入 + 其他业务收入）

九、财务费用分析

财务费用是指企业为筹集生产经营所需资金等而发生的费用。财务费用与经营活动无关，因而与业务收入无关，可以采用财务费用率这一指标来进行财务费用分析。

财务费用率 = 财务费用 /（主营业务收入 + 其他业务收入）

或者用简化的计算公式：

财务费用率 = 财务费用 / 主营业务收入

这实际上没有任何经济意义，不能说明任何问题，但它统一了比较基础，一方面便于我们分析各个年度的财务费用对当年净利润的影响程度，另一方面便于各个年度的财务费用进行对比分析。

十、投资收益分析

投资收益是指企业对外投资所得的收入（所发生的损失为负数），如企业对外投资取得股利收入、债券利息收入以及与其他单位联营所分得的利润等。采用“年平均投资收益额 / 投资额”的分析方法计算各种投资各年度的平均投资收益率，根据平均投资收益率的变动进行分析，才能对投资收益水平的

变化趋势做出正确的判断。

年平均投资收益额 / 投资额 =（累计投资收益额 / 已投资年数）/ 投资额

年均投资收益率比当年投资收益率更能反映该项股权投资的真实收益水平及其变动趋势，有助于投资者做出正确的决策。

十一、营业外收入、营业外支出和以前年度损益调整分析

营业外收入，是指企业发生的与企业业务经营无直接关系的各种收入。如固定资产盘盈、处理固定资产净收益、确实无法支付的应付款项以及教育费附加返还款等。

营业外支出，指企业发生的与企业业务经营无直接关系的各种支出。如固定资产盘亏、处理固定资产净损失、非常损失、非正常停工损失等营业外支出的项目不能自行增设，要按照财政部统一规定办理。

以前年度损益调整是对以前年度财务报表中的重大错误的更正。这种错误包括计算错误、会计分录差错以及漏记事项。以前年度损益调整应在留存收益表（或股东权益表）中予以报告，以税后净影响金额列示。对于报表期间之前发生的事项，以前年度损益调整将改变留存收益的期初余额。

十二、利息费用分析

利息费用的分析内容与财务费用相似，只不过要区分利息费用的内涵和财务费用的内涵：

利息费用 = 当期不能资本化的利息支出 + 资本化利息对当期损益的影响金额（实际是对主营业务成本、营业费用和管理费用等项目所做的调整）

财务费用 = 当期不能资本化的利息支出 — 当期利息收益 + 汇兑损益等其他财务费用

十三、所得税费用分析

所得税费用是指企业经营利润应缴纳的所得税。进行所得税费用分析，首先应计算所得税费用率。

所得税费用率 = 所得税费用 / 税前利润

若计算出的所得税费用率大于名义税率，说明导致企业所得税税负增加的原因在于存在不允许所得税前列支的费用，因此防止所得税税负增加的方法也就在于有效控制不允许所得税前列支的费用的发生，而要做到这一点，必须精通与所得税有关的法律法规，树立纳税意识，在费用开支之前就要预见到其与所得税之间的关系。

十四、净利润分析

净利润是指企业当期利润总额减去所得税后的金额，即企业的税后利润。

净利润是全部活动的最终成果。由于经济活动对净利润的影响只是其中的一部分，因此采用“净利润 /（主营业务收入 + 其他业务收入）”计算的净利润率，或采用“净利润 / 主营业务收入”简单计算的净利润率，都不能准确反映企业净利润的水平，只能近似反映，且准确程度取决于经营活动对净利润的影响程度。

第六章　从现金流量表看战略实施

[引例] 现金流量表异常背后的玄机

某周刊曾发表文章，认为某公司流量表有三大异常。主要内容如下：

异常之一，经营性应付项目随着公司生产经营规模的扩大反而减少了，尤其是2004年，当期减少4018万元，然而，从资产负债表相关科目来看，根本不应该出现这种现象。

如果该公司的资产负债表编制无误，那么现金流量表中经营活动产生的现金流量净额就很有可能被少计了，此外，其他应付款从2002年末的1965万元大幅增长至14565万元的原因也值得深思。

异常之二，2005年前三季度经营性应收项目增加了8413万元，2003年至2005年三季度合计增加了10136万元，然而从具体项目来看，与生产经营密切相关的应收账款增加不多，与生产经营关系不那么密切的其他应收款却增加了不少。

异常之三，2005年前三季度"其他"项目为经营活动贡献了6331万元的现金流，占了经营活动产生的现金流量净额一半以上。由于"其他"项目的敏感性，绝大部分上市公司现金流量表补充资料中"其他"项目一栏是空的，或者仅是非常小的一个数，而该公司在季报中出现金额如此巨大的"其他"项目，却又没有任何解释，实属罕见。

对于以上三点异常的原因，至少有两种可能：一是报表编制错误，不过，若真如此，足以动摇人们对该公司财报数字的既有信心；二是实施隐藏利润的一系列安排之后，却难以在收付实现制下的现金流量表上自圆其说。

经营活动产生的现金流量净额与净利润的差异经常是学者们研究盈余管理的起点。综合以上分析，2005年前三季度，该公司经营活动产生的现金流量净额已远远大于净利润，且实际情况可能更甚于此。即使是现在，也还有6331万元神秘的"其他"项目，且"其他应收款""其他应付款"也是疑窦重重；再结合前面提到的2005年三季度公司毛利率疑问，愈发强化了我们对山东黄金隐藏利润的猜测。

第一节 现金流量表分析的目的与内容

一、现金流量表分析的目的

（一）从动态上了解企业现金变动情况和变动原因

特别注意三大类别现金流量之间的流向情况。资产负债表中的货币资金项目反映了企业一定时期现金变动的结果，是静态的现金存量，企业从哪里取得现金，又将现金用于哪些方面，只有通过现金流量分析，才能从动态上说明现金的变动情况，并揭示现金变动的原因。

（二）判断企业获取现金的能力

通过关注现金流量的结构中的主要项目，可以判断企业获取现金的能力。

（三）评价企业盈利以及资产的质量

利润是按权责发生制计算的，用于反映当期的财务成果。利润不代表真正的收益，账面上的利润满足不了企业的资金需要，因此，盈利企业仍然可能发生财务危机，高质量盈利必须有相应的现金流入做保证，这就是为什么人们更重视现金流量的原因之一。

二、现金流量表分析的内容

（一）现金流量表的流向分析

1. 总体流向分析

进行现金流量表总体流向分析时，应列出现金流向分析的基本框架，标出有关数据，在此基础上按照先入后出和先经营、后筹资、再投资的顺序确定分析的具体步骤并进行分析。确定公司现金流量的主要流向特征。

2. 各类现金流量的具体项目分析

通过现金流量表总体流向分析，我们了解了现金流向的基本情况，但并不清楚有关细节，为此需要对各类现金流量表各具体项目进行进一步分析。分析时，应在上述现金流向基本分析框架的基础上，标出重要的明细数据，按照先内后外的顺序进行。

（二）现金流量表水平分析

现金流量水平分析主要是分析现金及现金等价物净增加额总额的变动情况，然后分别按照经营活动、投资活动和筹资活动现金流量进行分析，找出引起变动的主要原因。通过对比不同时期的各项现金流量变动情况，揭示企业当期现金流量水平及其变动情况，反映企业现金流量管理的水平与特点。

（三）现金流量表结构分析

现金流量结构分析是通过计算企业各项现金流入量占现金总流入量的比重，以及各项现金流出量占现金总流出量的比重，揭示企业经营活动、投资活动、筹资活动的特点及对现金净流量的影响方向和程度。

三、现金流量表的再加工

（1）对各年度的现金流量表进行比较，即用后一年的数据减去上一年的现金流量表数据，计算各项目的差额，通过差额的分析，明确现金流量表各项目的变动情况和变动趋势。

（2）按现金流量表各项目的具体内容，把各年度现金流量表数据分为现金流入量、现金流出量和现金净流量三个部分，分别计算各部分的结构，即用各个现金流入项目分别除以现金流入量合计数，据以计算各项目的比重，通过观察各项目比重的大小，分析资金来源的主渠道以及现金耗用的主要情况。

（3）对各年度现金流量表结构进行比较，即用后一年现金流量表各项目的比重减去前一年现金流量表相应项目的权重，据以计算各项目比重的差额，通过比重差额的比较，分析企业现金来源渠道及现金耗用的变动情况和变动趋势。

【例 6-1】以 H 公司 2011 年现金流量表为例，计算该公司现金流量的变动额和变动率，具体见表 6-1。

表 6–1 现金流量表

2011 年　　单位：元　币种：人民币

项目	本期金额	上期金额	变动额	变动率 %
一、经营活动产生的现金流量				
销售商品、提供劳务收到的现金	59,555,333,928.80	58,627,610,002.32	927,723,926.48	1.58
收到的税费返还	299,913,410.80	275,804,911.65	24,108,499.15	8.74
收到的其他与经营活动有关的现金	596,914,450.98	842,037,089.30	-245,122,638.32	-29.11
现金活动现金流入小计	60,452,161,790.58	59,745,452,003.27	706,709,787.31	1.18
购买商品、接受劳务支付的现金	38,448,308,626.36	40,829,439,935.17	-2,381,131,308.81	-5.83
支付给职工以及为职工支付的现金	5,139,022,242.52	4,231,161,285.78	907,860,956.74	21.46
支付的各项税费	3,724,147,241.87	2,777,897,883.72	946,249,358.15	34.06
支付的其他与经营活动有关的现金	6,934,004,878.89	5,950,254,216.07	983,750,662.82	16.53
经营活动产生的现金流出小计	54,245,482,989.64	53,788,753,320.74	456,729,668.90	0.85
经营活动产生的现金流量净额	6,206,678,800.94	5,956,698,682.53	249,980,118.41	4.20
二、投资活动产生的现金流量				
收回投资所收到的现金	50,569,001.30	2,227,473.59	48,341,527.71	2,170.24
取得投资收益所收到的现金	4,838,563.54	262,375,666.91	-257,537,103.37	-98.16
处置固定资产、无形资产和其他长期资产收回的现金净额	3,216,409.76	6,718,479.41	-3,502,069.65	-52.13
处置子公司及其他营业单位收到的现金净额		1,955,800.00	-1,955,800.00	-100.00
投资活动现金流入小计	58,623,974.60	273,277,419.91	-214,653,445.31	-78.55
购建固定资产、无形资产和其他长期资产支付的现金	1,584,316,438.51	1,306,884,209.63	277,432,228.88	21.23
投资支付的现金	2,986,335,687.06	1,998,258,805.19	988,076,881.87	49.45
投资活动现金流出小计	4,570,652,125.57	3,305,143,014.82	1,265,509,110.75	38.29
投资活动产生的现金流量净额	-4,512,028,150.97	-3,031,865,594.91	-1,480,162,556.06	48.82
三、筹资活动产生的现金流量				
吸收投资收到的现金	177,122,230.69	204,595,242.69	-27,473,012.00	-13.43
其中：子公司吸收少股股东投资收到的现金				
发行可分析交易的可转换公司债券所收到的现金				
取得借款收到的现金	2,054,332,743.22	2,205,902,056.00	-151,569,312.78	-6.87
筹资活动现金流入小计	2,231,454,973.91	2,410,497,298.69	-179,042,324.78	-7.43
偿还债务支付的现金	955,036,088.00	2,060,698,559.00	-1,105,662,471.00	-53.65
分配股利、利润或偿付利息支付的现金	514,846,565.01	1,253,141,339.47	-738,294,774.46	-58.92
支付其他与筹资活动有关的现金	6,324,276.46		6,324,276.46	
筹资活动现金流出小计	1,476,206,929.47	3,313,839,898.47	-1,837,632,969.00	-55.45
筹资活动产生的现金流量净额	755,248,044.44	-903,342,599.78	1,658,590,644.22	-183.61
四、汇率变动对现金及现金等价物的影响	-66,130,227.26	-65,101,393.18	-1,028,834.08	1.58
五、现金及现金等价物净增加额	2,383,768,467.15	1,956,389,094.66	427,379,372.49	21.85
加：年初现金及现金等价物余额	9,976,499,811.13	8,020,110,716.47	1,956,389,094.66	24.39
六、年末现金及现金等价物余额	12,360,268,278.28	9,976,499,811.13	2,383,768,467.15	23.89

法定代表人：　　主管会计工作的负责人：　　会计机构负责人：

第二节 现金流量表分析

一、现金流量表的总体分析

(一) 现金流量表中存在的平衡关系

我们知道，现金流量表存在以下一些平衡关系：

1. 主表部分：

$$\text{经营活动现金净流量}+\text{投资活动现金净流量}+\text{筹资活动现金净流量}=\text{现金净流量}$$

2. 补充资料：

$$\text{年末现金余额}-\text{年初现金余额}=\text{现金净流量}$$

3. 两式合并：

$$\text{经营活动现金净流量}+\text{投资活动现金净流量}+\text{筹资活动现金净流量}=\text{年末现金余额}-\text{年初现金余额}$$

$$\text{经营活动现金净流量}+\text{投资活动现金净流量}+\text{筹资活动现金净流量}+\text{年初现金余额}=\text{年末现金余额}$$

注：年初现金余额是为了年度内开展各项活动预先准备的，各项活动的开展会引起现金发生变动，最终结果形成年末现金余额，其本质是为下一个年度开展各项活动提供现金准备。

我们知道，任何企业为了确保各项活动能够正常运行，必须有一个基本的现金持有量，以随时满足最起码的现金支付需要。这个现金持有量即为最低现金需要量，它是评价年末现金是否合理的依据。一般来说，如果年末现金余额与最低现金需要量基本一致，表明企业下一个会计年度日常开支所需要的现金已经准备妥当；如果年末现金余额远远大于最低现金需要量，会有两种可能性：一是企业在下一个年度有大项开支，二是现金绝对过剩；如果年末现金余额小于最低现金需要量，表明企业的现金严重匮乏，急需补充现金，否则无法满足下一年度日常开支对现金的需要。将上式与最低现金需要量结合起来，就构成了我们对现金流量表进行现金流向分析的基本框架，如下所示：

$$\frac{经营活动}{现金净流量}+\frac{投资活动}{现金净流量}+\frac{筹资活动}{现金净流量}+年初现金余额=年末现金余额=\frac{现金最低}{需要量}$$

（二）现金流向的总体分析

在进行现金流向的总体分析时，应列出现金流向分析的基本框架，标出有关数据，在此基础上按照先入后出和先经营、后筹资、再投资的顺序确定分析的具体步骤并进行分析。

所谓先入后出，就是按照现金流动的客观规律，先看净流量增加的项目，再看净流量减少的项目，这样就能很方便地看出现金从何而来，用于何处。

所谓先经营、后筹资、再投资，就是按照现金取得的难易程度确定各项目的分析顺序。一般来说，经营活动取得现金最容易，其次是筹资活动，最后是投资活动。

1. 以 H 公司 2010 年的现金流量表为基础进行分析

H 公司 2010 年年初现金余额 80.20 亿元，当年经营活动现金净流量 59.57 亿元，当年投资活动现金净流量为 -30.32 亿元，筹资活动现金净流量为 -9.03 亿元，那么根据公式计算得出：

$$年初现金余额+\frac{经营活动}{现金净流量}+\frac{投资活动}{现金净流量}+\frac{筹资活动}{现金净流量}=年末现金余额$$

2010 年年末现金余额 =80.20+59.57-30.32-9.03=100.42（亿元）

从此可以看出，企业经营活动卓有成效，收支相抵后现金结余 59.57 亿元，全部用于投资。当年投资活动净投入需要资金 30.32 亿元，经营活动的现金可以满足。同时企业筹资活动现金净投入 9.03 亿元，经营活动满足投资活动后还可满足筹资活动的现金流量 9.03 亿元，使企业现金存量上升为 100.42 亿元。

2. 以 H 公司 2011 年的现金流量表为基础进行分析

H 公司 2011 年年初现金余额 100.42 亿元，当年经营活动现金净流量 62.07 亿元，当年投资活动现金净流量为 -45.12 亿元，筹资活动现金净流量为 7.55 亿元，那么根据公式计算得出：

$$年初现金余额+\frac{经营活动}{现金净流量}+\frac{投资活动}{现金净流量}+\frac{筹资活动}{现金净流量}=年末现金余额$$

2011 年年末现金余额 =99.76+62.07-45.12+7.55=124.26（亿元）

从此可以看出，企业经营活动卓有成效，收支相抵后现金结余 62.07 亿元，全部用于投资。当年投资活动净投入需要资金 45.12 亿元，经营活动的现金可以满足。同时企业筹资活动现金净流入 7.55 亿元，使企业现金存量上升为 124.26 亿元，至于企业为什么保持如此高的现金，可能是为了补充流动资产、继续投资或清偿债务，这需要结合企业具体业务活动进行分析。

（三）具体项目分析

通过上述分析，我们了解了现金流向的基本情况，但并不清楚有关细节，而这些细节恰恰能反映企业管理和调度现金的具体过程，体现企业现金管理的水平，为此需要对现金流量表各具体项目进一步分析。分析时，应在上述现金流向基本分析框架的基础上，标出重要的明细数据，按照先内后外的顺序进行。所谓先内后外，就是既定各项活动取得现金收入首先应当满足自身活动的需要，在现金富余的情况下才能安排其他用途。按此顺序进行分析，是符合现金流动的一般规律的。

下面以 H 公司 2011 年的现金流量表为基础进行分析（以亿元为单位）。

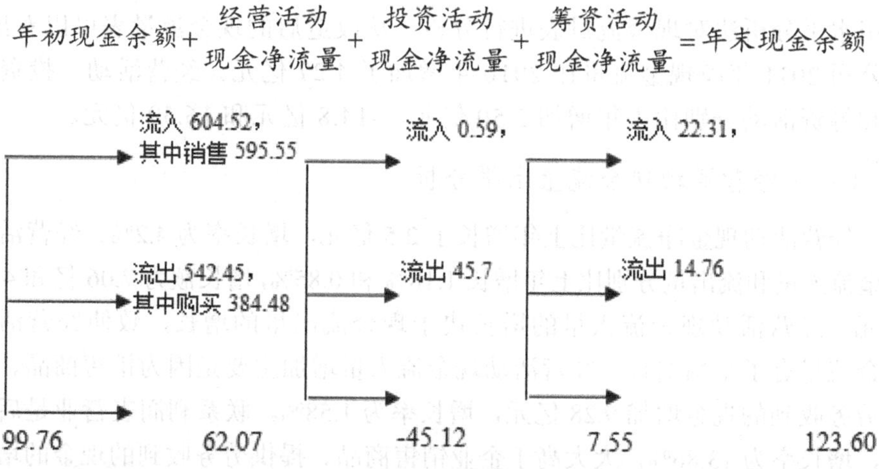

图 6–1 H 公司 2011 年的现金流量分析

从图 6-1 可以看出：

第一，经营活动收到现金 604.52 亿元，基本上是通过销售产品取得的，在各项现金流入量中居首位，这充分说明销售产品是企业取得现金流入最主要的手段，由此也能看出企业的产品在市场上销售状况良好。一般来说，越是紧俏的产品收回现金越容易，越是普通的商品收回现金越不容易。

第二，销售商品来的现金收入抵补自身的现金支出后结余 62.07 亿元，收现用于投资领域。投资领域的支出一方面是企业购建固定资产、无形资产和其他长期资产，这说明企业对企业产品的市场前景充满信心；另一方面是对外证券投资，这会增加企业资产的风险。

第三，企业筹资活动取得现金22.31亿元，主要是通过借款取得的，这说明企业有良好的信贷信用，银行给予借贷支持，但与2010年相比，借款金额有所下降，说明国家紧缩银根的环境对企业贷款有一定的影响。

第四，企业筹措的资金22.31亿元，首先用于偿债，然后用于分配股利，剩余资金沉淀在企业内部。企业本期利用股东投资1.77亿元，对企业资本结构的影响有限。

通过对现金流量表具体项目的分析，可以看出，2011年经营活动收到大量现金是其优势，大量的现金的沉淀为其特色。

二、现金流量表水平分析

现金流量表的总体分析只是说明了企业当期现金流量产生的原因，没能揭示本期现金流量与前期或预计现金量的差异。为了解决这个问题，可采用水平分析法对现金流量表进行分析。从改造后的现金流量表可以看出，H公司2011年净现金流量比2010年增加了4.27亿元。经营活动、投资活动和筹资活动分别比去年增加2.50亿元、-14.8亿元和16.59亿元。

（一）经营活动现金流量水平分析

经营活动现金净流量比上年增长了2.5亿元，增长率为4.2%。经营活动现金流入量和流出量分别比上年增长1.18%和0.85%，增长额为7.06亿和4.57亿元。经营活动现金流入量的增长快于现金流出量的增长，致使经营活动现金流量有了小幅增长。经营活动现金流入量增加主要是因为销售商品、提供劳务收到的现金增加9.28亿元，增长率为1.58%。联系利润表营业是后入的，增长率为13.86%，大大高于企业销售商品、提供劳务收到的现金的增长率，说明企业销售收现状况比去年有所下降。收到的税费返还增加0.24亿元，增长率为8.74%，收到其他与经营活动有关的现金减少2.45亿元，增长率为-29.11%。经营活动现金流出量增加，一方面是因为购买商品、接受劳务所支付的现金减少23.81亿元，说明公司充分利用负债方式取得商品和劳务，但要关注该方式给企业带来的影响；另一方面，公司支付给职工以及为职工支付的现金、支付的各项税费、支付的其他与经营活动有关的现金分别增加9.08亿元、9.46亿元和9.84亿元。

（二）投资活动现金流量水平分析

投资活动产生的现金流量净额下降 14.80 亿元。主要原因如下：一是对外投资支付的现金增加 9.88 亿元，联系资产负债表上长期股投资增加 5.50 亿元；二是投资收益收到的现金减少 2.58 亿元；三是构建固定资产、无形资产和其他长期资产支付的现金增加 2.77 亿元。

（三）筹资活动现金流量水平分析

筹资活动产生的现金流量净额增加 16.59 亿元，主要原因在于筹资活动现金流出的减少，其中偿还债务支付的现金减少 11.06 亿元，分配股利、利润或偿付利息支付的现金减少 7.38 亿元。

三、现金流量表结构分析

现金流量表结构分析，目的在于揭示现金流入量和现金流出量的结构情况，从而抓住企业现金流量管理的重点。现金流量结构分析的资料通常使用直接法编制的现金流量表，分析方法为垂直分析法。

（一）现金流入结构分析

现金流入结构分为总流入结构和内部流入结构。总流入结构反映的是企业经营活动的现金流入量、投资活动的现金流入量和筹资活动的现金流入量分别占现金流入总量的比重。内部流入结构反映的是经营活动、投资活动和筹资活动等各项业务活动现金流入中具体项目的构成情况。现金流入结构分析可以明确企业的现金究竟来自何方，增加现金流入应在哪些方面采取措施等。

H 公司 2011 年现金流入量结构为经营活动现金流入量、投资活动现金流入量和投资活动现金流入量分别占现金流入总量的比重，分别占 96.35%、0.09% 和 3.56%，可见企业的现金流入量主要是由经营活动引起的。

（二）现金流出结构分析

与流入结构分析相对应，现金流出结构分为总流出结构和内部流出结构。总流出结构反映的是企业经营活动的现金流出量、投资活动的现金流出量和筹资活动的现金流出量分别占现金流出总量的比重。内部流出结构反映的是经营活动、投资活动和筹资活动等各项业务活动现金流出中具体项目的构成情况。现金流出结构分析可以明确企业的现金究竟流向何方，要节约开支应从哪些方面入手等。

H 公司 2011 年现金流出结构，经营活动的现金流出量、投资活动的现金流出量和筹资活动的现金流出量分别为 89.97%、7.58% 和 2.45%。可见，经营活动现金流出量所占的比重最大，投资活动次之，筹资活动最少。

第七章　从所有者权益变动表看战略实施

[引例] 亏损企业股权转让价值的确定

N公司为一家中外合资经营企业。该企业建于1998年。企业全面引进了国外先进生产设备。企业建立时，中外双方的股权持股比例为45∶55，注册资本为80万元。双方均按照有关协议出资到位，企业运转正常。N公司的产品在投放市场后，很快以其优良的质量和较高的价格形成了自己"高品位"的形象。

2000年7月，外方提议中外双方按各自的持股比例，继续为企业追加投资。但是，中方经过考虑，不准备追加投资。外方在得知中方不准备继续追加投资后，提出由外方单独继续投资，并要求中方将自己持有的股份转让30个百分点给外方，转让后中外双方的持股比例为15∶85。中方同意了外方要求其转让股份的要求。但是，在股权转让金问题上，双方产生了分歧：外方认为，企业尽管在市场中的形象不错，但几年来是在亏损状态下运转的。现在，企业已经累计亏损30万元。从设备的利用率来看，利用现有设施实现规模效益的可能性很小。如按现在的状况运行下去，企业将继续亏损。因此，外方准备按照现在账面上的所有者权益净值（50万元）的30%向中方支付。

中方认为，当时投入企业的是注册资本的45%。几年来，由于亏损，中方并未从企业得到任何利润分配。如果同意外方的方案，中方只能得到账面上的所有者权益净值（50万元）的30%。损害太大，不能接受。

在这种情况下，中方找到了会计师事务所，期望得到专业的帮助。

会计师事务所在了解了上述信息后，认为：第一，企业的前景并不像外方所描述的那样暗淡；第二，中方所提的底价依据站不住脚，中方并没有抓住利益受到损害的关键；第三，为维护中方利益，应从另外的角度去思考。

在本例中，尽管企业是在亏损的状态下运行的，但是由于企业处于发展的起步阶段，很多亏损因素都为企业未来的顺畅发展奠定了基础，企业在未来实现效益的前景是好的。这一点，从外方准备追加投资，并借机企图将中方的股权削弱、扩大其在企业中的股权的行动中可以得到验证。

中方底价金额的确定是完全站不住脚的：中方底价金额的确定方式，完全是站在债权人的角度考虑问题。中方不知道作为股权投资者与债权投资者在权利与收益方面的基本差异。作为股权投资者，其拥有的股权与入资时所确定的股份比例直接相关，并按照股份比例对企业拥有权利（其中包括分红权）。而股权投资收益的存在，则主要取决于：第一，被投资企业是否有增量利润；第二，股权持有方在转让股权时，股权转让价格是否比股权取得成本高。本例中，合资企业并没有在账面上表现出利润，因而不应存在与利润有关的收益问题。

第一节　所有者权益分析的目的与内容

一、所有者权益变动表的内涵

1992 年 10 月，英国会计准则委员会（ASB）要求对外编报的主要财务报表增加“全部已确认利得与损失表”；1997 年美国财务会计准则委员会（FASB）要求财务报表中必须有一个独立的组成部分，突出显示企业的全部利得和损失，在收益表之外报告全面收益；1997 年国际会计准则委员会（IASC）公布的修订后的“财务报表表述”中，要求财务报表中必须有一个独立的组成部分，来突出显示企业的全部利得和损失。

从国外会计准则制定机构关于财务业绩报告的改革过程来看，改革业绩报告的目标基本一致，都要求报告更全面、更有用的财务业绩信息，以满足使用者投资、信贷及其他经济决策的需要。

我国在 2007 年起施行的《企业会计准则——基本准则》中对所有者权益要素做了如下规定：“所有者权益的来源包括所有者投入的资本、直接计入所有者权益的利得和损失、留存收益等。”其中直接计入所有者权益的利得和损失，“是指不应计入当期损益、会导致所有者权益发生增减变动的、与所有者投入资本或者向所有者分配利润无关的利得或者损失。”由所有者权益变动表的内容可见，我国的所有者权益变动表的作用实际上就相当于英国会计准则委员会的“全部已确认利得与损失表”、美国财务会计准则委员会的“全面收益表”和国际会计准则委员会的“权益变动表”。我国改革后的所有者权益变动表能更好地帮助投资者获得与其决策相关的全面收益信息。

所有者权益变动表是反映企业本期（年度或中期）内截至期末所有者权益变动情况的报表。根据所有者权益变动的性质，分别按照当期净利润、直接计入所有者权益的利得和损失项目、股东投入资本和向股东分配利润、提取盈余公积等情况分析填列。

所有者权益变动表一般应单独列报以下项目：

（1）净利润。

（2）直接计入所有者权益的利得和损失项目及其总额。

（3）会计政策变更和会计差错更正的累积影响金额。

（4）股东投入资本和向股东分配利润等。

（5）按照规定提取的盈余公积。

（6）实收资本、资本公积、盈余公积、未分配利润期初和期末余额及其调整情况。

二、所有者权益变动表的作用

（一）所有者权益变动表是连接资产负债表与利润表的纽带

所有者权益变动表担负起了连接资产负债表与利润表的重任，通过所有者权益变动表搭建二者之间的钩稽关系，使财务报告体系中各要素之间能够继续保持紧密的联系。可见所有者权益变动表的重要性源于会计理论发展相对于会计环境发展的滞后，体现了决策有用观与历史成本原则、收入实现原则以及谨慎性原则的矛盾。

（二）所有者权益变动表进一步报告全面收益

所有者权益变动表的另一使命是报告全面收益。

我国的所有者权益变动表以净收益为起点，列示了计入所有者权益的未实现利得和损失（其他全面收益）的各项内容，虽然没有明确全面收益的概念，但“合计数”实际上就是全面收益总额。尽管我国没有制定专门的全面收益准则，甚至没有提到全面收益，但所有者权益变动表是主要报表之一的地位和报告全面收益的实质性内容，都说明我国在报告全面收益方面已经取得了巨大的进步。

三、所有者权益变动表分析的目的和内容

（一）所有者权益变动表分析的目的

所有者权益变动表分析的具体目的如下：

（1）通过所有者权益变动表的分析，可以清晰地体现会计期间构成所有者权益各个项目的变动规模与结构，了解其变动趋势，反映公司净资产的实

力，提供保值增值的重要信息。

（2）通过所有者权益变动表的分析，可以进一步从全面收益角度报告更全面、更有用的财务业绩信息，以满足报表使用者投资、信贷及其他经济决策的需要。

（3）通过所有者权益变动表的分析，可以反映会计政策变更的合理性以及会计差错更正的幅度，具体报告会计政策变更和会计差错更正对所有者权益的影响数额。

（4）通过所有者权益变动表的分析，可以反映股权分置、股东分配政策、再筹资方案等财务政策对所有者权益的影响。

（二）所有者权益变动表分析的内容

所有者权益变动表的分析内容如下：

1. 所有者权益变动表的水平分析

所有者权益变动表的水平分析，是将所有者权益各个项目的本期数与基准数进行对比，揭示公司当期所有者权益各个项目的水平及其变动情况，解释公司净资产的变动原因，从而进行相关决策的过程。

2. 所有者权益变动表的垂直分析

所有者权益变动表的垂直分析，是对所有者权益各个子项目变动占所有者权益变动的比重予以计算，并进行分析评价，揭示公司当期所有者权益各个子项目的比重及其变动情况，解释公司净资产构成的变动原因，从而进行相关决策的过程。

3. 所有者权益变动表的主要项目分析

所有者权益变动表的主要项目分析，是将组成所有者权益的主要项目进行具体剖析对比，分析其变动成因、合理合法性、有无人为操控的迹象等事项的过程。

4. 股利决策对所有者权益影响的分析

我国上市公司股利决策主要是派现和送股这两种形式。派现即现金股利，是指公司以现金向股东支付股利的形式，是公司最常见、最容易被投资者接受的股利支付方式。送股即股票股利，是指公司以股票形式向投资者发放股利的方式。它们对企业所有者权益的影响是不同的：派现使企业的资产和所有者权益同时减少，股东手中的现金增加；送股使流通在外的股份数增加，企业账面的未分配利润减少，股本增加，每股账面价值和每股收益稀释。

第二节 所有者权益变动表的一般分析

一、对所有者权益变动表再加工

与前面资产负债表、利润表的分析相一致，首先对所有者权益变动表再加工，计算所有者权益各项目及余额的变动额、变动率以及期末结构、期初结构和结构变动指标。再加工后的所有者变动表如下表 7-1H 公司所有者权益变动表所示。

二、所有者权益变动表的水平分析

所有者权益变动表的水平分析，是将所有者权益各个项目的本期数与基准（可以是上期数等）进行对比，揭示公司当期所有者权益各个项目的水平及其变动情况，解释公司净资产的变动原因，从而进行相关决策的过程。以 H 公司所有者权益变动表为基础资料，编制所有者权益变动水平分析表，见表 7-1H 公司所有者权益变动分析表。

从表 7-1 可以看出，H 公司 2011 年所有者权益比 2010 年增加 1,156,066,612.36 元，增长幅度为 11.13%；从影响的主要项目看，最主要的原因是本年净利润的大幅度增长，效益明显提高，同期增加 636,540,093.28 元，增幅 21.14%，由此也说明净利润增加是经营资本增加的源泉，也是所有者权益增长的重要途径。正如定价理论信条所言，价值是股东在经营过程中产生的，而非股东在财务活动中产生。除上述原因外，利润分配 2011 年比 2010 年下降 816,917,624.00 元，年初余额减少 280,574,835.79 元，所有者投入资本减少 13,864,665.62 元。这几项的共同作用使得所有者权益本期余额有较大提升。

三、所有者权益变动表的垂直分析

所有者权益变动表的垂直分析，是对所有者权益各个子项目变动占所有者权益变动的比重予以计算，并进行分析评价，揭示公司当期所有者权益各个子项目的比重及其变动情况，解释公司净资产构成的变动原因，从而进行相关决策的过程。以表 7-1H 公司所有者权益变动表为基础资料，进行垂直分析评价。

从H公司的所有者权益变动表可以看出，该公司2011年与2010年相比，其所有者权益项目结构有所变化，年初余额比重上升了12.72%；2011年净利润比重上升2.61%，利润分配下降9.52%，这是H公司2011年所有者权益结构变化的主要因素。

表7-1 所有者权益变动表

2011年　单位：元　币种：人民币

项目	2011年	2010年	变动额	变动率%	期末结构%	期初结构%	结构变动%
一、上年年末余额	10,382,882,130.46	10,663,456,966.25	-280,574,835.79	-2.63	89.98	102.70	-12.72
加：会计政策变更							
前期差错更正							
其他							
二、本年年初余额	10,382,882,130.46	10,663,456,966.25	-280,574,835.79	-2.63	89.98	102.70	-12.72
三、本期增减变动金额（减少以“-”号填列）	1,156,066,612.36	-280,574,835.79	1,436,641,448.15	-512.04	10.02	-2.70	12.72
（一）净利润	3,647,662,677.50	3,011,122,584.22	636,540,093.28	21.14	31.61	29.00	2.61
（二）其他综合收益	-3,893,627.44	-942,023.93	-2,951,603.51	313.33	-0.03	-0.01	-0.02
上述（一）和（二）小计	3,643,769,050.06	3,010,180,560.29	633,588,489.77	21.05	31.58	28.99	2.59
（三）所有者投入资本和减少资本	-779,402,677.41	-765,538,011.79	-13,864,665.62	1.81	-6.75	-7.37	0.62
1. 所有者投入资本	75,459,660.72	59,168,940.16	16,290,720.56	27.53	0.65	0.57	0.08
2. 股份支付计入所有者权益的金额	84,390,000.00	52,384,759.44	32,005,240.56	61.10	0.73	0.50	0.23
3. 其他	-939,252,338.13	-877,091,711.39	-62,160,626.74	7.09	-8.14	-8.45	0.31
（四）利润分配	-1,708,299,760.29	-2,525,217,384.29	816,917,624.00	-32.35	-14.80	-24.32	9.52
1. 提取盈余公积							
2. 提取一般风险准备							
3. 对所有者（或股东）的分配	-420,618,885.52	-597,256,236.56	176,637,351.04	-29.57	-3.65	-5.75	2.11
4. 其他	-1,287,680,874.77	-1,927,961,147.73	640,280,272.96	-33.21	-11.16	-18.57	7.41
（五）所有者权益内部结转							
1. 资本公积转增资本（或股本）							
2. 盈余公积转增资本（或股本）							
3. 盈余公积弥补亏损							
4. 其他							
（六）专项储备							
1. 本期提取							
2. 本期使用							
（七）其他							
四、本期期末余额	11,538,948,742.82	10,382,882,130.46	1,156,066,612.36	11.13	100.00	100.00	0.00

四、所有者权益变动表主要项目的分析

所有者权益变动表主要项目的分析，是将组成所有者权益的主要项目进行具体剖析对比，分析其变动成因、合理合法性、有无人为操控的迹象等事项的过程。

所有者权益变动表的主要项目，可以从以下公式具体理解：

本期所有者权益变动额 = 净利润 + 直接计入所有者权益的利得 − 直接计入所有者权益的损失 + 会计政策变更和前期差错更正的累积影响 + 所有者投入资 − 向所有者或股东分配的利润

为了避免与资产负债表分析重复，本章所有者权益变动表主要项目的分析主要包括以下三点：

（一）直接计入所有者权益的利得与损失分析

直接计入所有者权益的利得和损失，是指不应计入当期损益、会导致所有者权益发生增减变动的、与所有者投入资本或者向所有者（或股东）分配利润无关的利得或者损失。

一般而言，已实现的利得与损失在发生当年记入利润表，未实现确认的利得与损失可能在资产负债表中确认，同时，所有者权益变动表涵盖了这些信息。利润表反映公司在会计年度内已实现的损益。若出现未实现的损益，公司的资产价值就会增减，公积也会随之增减，但未实现的损益不在年度利润表中披露，而是直接计入所有者权益。

利润表不予披露的未实现损益通常包括：固定资产重估产生的未实现损益、货币折算价差产生的未实现损益以及长期商业投资重估产生的未实现损益等。

1. 固定资产重估产生的未实现损益

公司对固定资产（比如房地产）的价值进行重估时，资产负债表中资产的价值就会增减，资本公积也会随之增减。除非公司后来将该资产出售，否则这笔重估损益就一直无法实现，也不在利润表中体现。

2. 货币折算价差产生的未实现损益

由于货币折算而产生的资产价值的增减变化也是一种未实现损益。

3. 长期商业投资重估产生的未实现损益

对非子公司、非联营企业和合资企业的其他公司的股权投资，若股票市场上被投资方的股价发生变化，那么商业投资的价值就会发生变化，因此将出现未实现损益。

【例 7-1】某公司 2016 年实现净利润 290 万元，分配股利 80 万元，增发新

股20万元，长期投资于A单位，股权占40%，A单位本年亏损25万元，试确定所有者权益变动额。

解：根据净利润与所有者权益变动额之间的关系公式，本题所有者权益变动额计算为：所有者权益变动额=290−10−80+200=400（万元）

表7−2 所有者权益变动额计算分析表

项　目	人民币（万元）
税后利润	290
+ 直接计入所有者权益的利得与损失	−10（25×40%）
− 股利	80
+ 新增股本	200
所有者权益净增加额	400

（二）会计政策变更的分析

1. 会计政策与会计政策变更

会计政策，是指会计主体在会计核算过程中所采用的原则、基础和会计处理方法。其中原则实质上包含了会计的基本假设、会计的一般原则和具体原则、会计处理方法，甚至还包含某些非会计假设。

会计政策变更是指在特定的情况下，企业可以对相同的交易或事项由原来采用的会计政策改用另一会计政策。企业采用的会计政策，在每一会计期间和前后各期应当保持一致，不得随意变更。但是，满足下列条件之一的，可以变更会计政策：

（1）法律、行政法规或者国家统一的会计制度等要求变更。比如，国家发布统一的关于增值税会计处理的核算办法后，企业应及时按照新的办法处理有关增值税事项。

（2）会计政策变更能够提供更可靠、更相关的会计信息。比如，企业原先一直采用直接转销法核算坏账，由于信用环境的改变，应收账款演变为坏账的可能性增大，继续使用直接转销法核算坏账将会虚增企业某一会计期间的资产和盈利，因此备抵法的会计政策则更能体现应收账款的账面价值。

2. 会计政策变更在表中的列示与分析

会计政策变更能够提供更可靠、更相关的会计信息的，主要应当采用追溯调整法进行处理，将会计政策变更累积影响数调整列报前期最早期初留存收益。其中追溯调整法，是指对某项交易或事项变更会计政策，视同该项交易或事项初次发生时即采用变更后的会计政策，并以此对财务报表相关项目进行调整的方法。

会计政策变更的累积影响数，是指按照变更后的会计政策，对以前各期追溯计算的列报前期最早期初留存收益应有金额与现有金额之间的差额。会计政策变更的累积影响数需要在所有者权益变动表中单独列示。

（三）前期差错更正的分析

1. 前期差错与前期差错更正

前期差错，是指由于没有运用或错误运用以下两种信息，而对前期财务报表造成遗漏或误报。

前期差错更正，是指企业应当在重要的前期差错发现后的财务报表中，调整前期相关数据。前期差错更正主要采用追溯重述法，它是指在发现前期差错时，视同该项前期差错从未发生过，从而对财务报表相关项目进行更正的方法。

2. 前期差错更正在表中的列示与分析

本期发现与以前期间相关的重大会计差错，如果影响损益，应按其对损益的影响数调整发现当期的期初留存收益，会计报表其他相关项目的期初数也应一并调整；如不影响损益，应调整会计报表相关项目的期初数。

对于前期差错更正累积影响数的分析，主要目的在于及时发现与更正前期差错，合理判断和区分相关业务是属于会计政策变更还是属于会计差错更正类别，以实现信息的准确。

第三节 所有者权益变动表财务比率分析

对于投资者而言，投资报酬是投入权益资本获得的回报。衡量股东权益报酬主要采用资本收益率和资本保值增值率两个财务指标。近年来，经济增加值（EVA）因其能站在股东的角度，从管理者为股东创造价值方面来评价企业的业绩，并且能够有效地将企业战略与日常业务决策和激励机制联系在一起而备受关注。

一、资本收益率

资本收益率是企业一定时期净利润与平均资本（即资本性投入及其资本溢价）的比率，反映企业实际获得投资额的回报水平。其计算公式如下：

平均资本 =［（年初实收资本 + 年初资本公积）+（年末实收资本 + 年末资本公积）］÷2

资本公积 = 实收资本（股本）中的资本溢价（股本溢价）

根据有关的报表资料，计算 ABC 公司 2015 年和 2016 年的资本收益率，见下表 7-3。

表 7-3 ABC 公司资本收益率

单位：万元

项目	2015 年	2016 年
净利润	48120	31199
实收资本	50700	50700
资本公积	36567	36567
资本收益率	55.14%	35.75%

ABC 公司 2015 年年末、2016 年年末实收资本为 50700 万元，资本公积（资本溢价）为 36567 万元。从上表的计算结果可以看出，ABC 公司 2016 年度的资本收益率比 2015 年度上升了 19.39 个百分点，这是由于 ABC 公司投入资本没变而净利润有所增长引起的。根据利润表的分析和计算，已知该公司净利润的增长率为：（48120－31199）÷31199=54.23%。

二、资本保值增值率

资本保值增值率是企业扣除客观因素后的本年年末所有者权益总额与年初所有者权益总额的比率，反映企业当年资本在企业自身努力下的实际增减变动情况。其计算公式为：

资本保值增值率 = 所有者权益年末数 ÷ 所有者权益年初数 ×10%

一般认为，资本保值增值率越高，表明企业的资本保全状况越好，所有者权益增长越快，债权人的债务越有保障。该指标通常应当大于 100%。

根据表 7-1H 公司所有者权益变动表的资料，其所有者权益 2011 年期末余额为 11,538,948,742.82 元，期初余额为 10,382,882,130.46 元，同时假定不存在客观因素，计算 H 公司 2011 年度的资本保值增值率为：11,538,948,742.82÷10,382,882,130.46×100%=111.13%

三、资本积累率

资本积累率是企业本年所有者权益增长额与年初所有者权益的比率。它反映了企业当年资本的积累能力，是评价企业发展潜力的重要指标。资本积累率还反映了投资者投入企业资本的保全性和增长性。该指标若大于 0，则指标值越高表明企业的资本积累越多，应付风险、持续发展的能力越大；该指标如为负值，表明企业资本受到侵蚀，所有者利益受到损害，应予以充分重视。其计算公式为：

资本积累率 = 本年所有者权益增长额 ÷ 所有者权益年初数 ×100%

公式中，本年所有者权益增长额等于所有者权益年末数减去所有者权益年初数。

根据表7-1H公司所有者权益变动表的资料，其所有者权益2011年期末余额为11,538,948,742.82元，期初余额为10,382,882,130.46元，同时假定不存在客观因素，计算H公司2011年度的资本积累率。

资本积累率＝（11,538,948,742.82－10,382,882,130.46）÷10,382,882,130.46×100%=11.13%

参考文献

[1] 张新民，王秀丽 . 企业财务报表分析案例精选 [M]. 沈阳 : 东北财经大学出版社，2006.

[2] 张新民，钱爱民 . 财务报表分析案例评析 [M]. 北京 : 北京大学出版社，2007.

[3] 财政部会计司编写组 . 企业会计准则讲解 2006[M]. 北京 : 人民出版社，2007.